oblong Yf
21

GUIDE

DANS LES

THÉATRES

et

SALLES DE CONCERTS

DE PARIS.

PREMIÈRE PARTIE

Opéra — Français — Italiens — Odéon — Opéra-Comique — Gymnase-Dramatique,
Théâtre Lyrique — Porte-St-Martin — Vaudeville — Variétés — Palais-Royal.

ADMINISTRATION A PARIS,
Rue Laval, 11.

THÉATRE IMPÉRIAL DE L'OPÉRA.

RUE LEPELLETIER.

TARIF DU PRIX DES PLACES

AU JOUR, PAR LOCATION ET PAR ABONNEMENT

L'abonnement annuel comprend 157 Représentations, celui de 6 mois 78, et celui de 3 mois 39.

INDICATION des PLACES	NOMBRE DE PLACES	PRIX À LA PORTE pour une représentation		PRIX AU BUREAU pour une représentation		LOCATION POUR			LOCATION D'UN JOUR par Semaine pendant		
		chaq. place	Total	chaq. place	Total	Trois Mois	Six Mois	Un An	Trois Mois	Six Mois	Un An
		f. c.	f. c.	f. c.	f. c.	f.	f.	f.	f.	f.	f.
Entrée personnelle...	1	» »	» »	» »	» »	200	300	500	»	»	»
Stalles { Orchestre....	4	8 »	8 »	10 »	10 »	300	600	1000	120	200	334
Stalles { Amphithéâtre.	1	10 »	10 »	12 »	12 »	390	700	1200	137	234	400
Baignoires { Avant-Scène..	8	10 »	80 »	12 »	96 »	3300	5200	8100	1100	1734	2780
Baignoires { Id.	5	10 »	50 »	12 »	60 »	1920	3100	4900	640	1034	1634
Baignoires { De côté.....	4	8 »	32 »	10 »	40 »	1200	2046	3840	400	680	1280
Baignoires { Id.	5	8 »	40 »	10 »	50 »	1800	2640	4800	800	880	1600
Baignoires { Id.	3	8 »	24 »	10 »	30 »	930	1N80	2900	317	580	967
Foyer { Avant-Scène..	10	12 »	150 »	14 »	140 »	3400	6200	10000	1034	2007	3334
Foyer { Id.	6	12 »	72 »	14 »	84 »	»	4550	7116	»	1510	2372
Foyer { De face 6 places	6	12 »	72 »	14 »	84 »	»	5210	8400	»	1750	2800
Foyer { De face 7 places	7	12 »	84 »	14 »	98 »	»	5772	9300	»	1924	3100
Foyer { De Balcon....	6	8 »	48 »	10 »	60 »	1900	3303	5100	634	1100	1700
Foyer { Id.	3	8 »	24 »	10 »	30 »	1086	1886	2000	582	620	967
1res Loges. { Avant-Scène..	8	8 »	64 »	10 »	80 »	2500	4300	7000	867	1434	2334
1res Loges. { Id.	6	8 »	48 »	10 »	60 »	1900	3300	5100	634	1100	1700
1res Loges. { De face.....	6	8 »	48 »	10 »	60 »	2000	3400	5400	667	1134	1800
1res Loges. { 1res de côté...	6	7 »	42 »	8 »	48 »	1400	2400	4500	467	800	1800
1res Loges. { Intermédiaire.	6	6 »	36 »	7 »	42 »	1300	2390	4900	434	767	1400
1res Loges. { De face.....	6	6 »	36 »	7 »	42 »	1300	2300	4200	434	767	1400
2es Loges. { De côté (avant-scène).	8	4 »	32 »	5 »	40 »	1200	2000	»	400	667	»
2es Loges. { Id.	7	4 »	28 »	5 »	35 »	1000	1700	»	344	567	»
2es Loges. { De côté.....	6	4 »	24 »	5 »	30 »	900	1500	»	380	500	»
2es Loges. { Id.	5	4 »	20 »	5 »	25 »	700	1200	»	232	400	»
2es Loges. { Id.	4	4 »	16 »	5 »	20 »	700	1000	»	»	»	»
3es Loges. { De face.....	6	4 »	24 »	5 »	30 »	900	1500	»	»	»	»
3es Loges. { De côté.....	8	2 50	20 »	3 »	24 »	838	1500	»	»	»	»
3es Loges. { Id.	6	2 50	15 »	3 »	18 »	700	1100	»	»	»	»
3es Loges. { Id.	4	2 50	10 »	3 »	12 »	600	900	»	»	»	»
4es Loges..........	4	2 50	10 »	3 »	12 »	»	»	»	»	»	»
Parterre..........	»	4 »	4 »	5 »	5 »	»	»	»	»	»	»
Amphithéâtre des 3es.	»	2 50	2 50	» »	» »	»	»	»	»	»	»

Les représentations ordinaires ont lieu les lundi, mercredi et vendredi.

NOMBRE DE PLACES DANS CHAQUE LOGE

AVANT-SCÈNES	BAIGNOIRES	LOGES DU FOYER	1es LOGES	2es LOGES	3es LOGES	4es LOGES
REZ-DE-CHAUSSÉE: 1 | 16 } 8 pl ; 2 | 17 } 5 pl — DU FOYER: 1 R.M | 43 } 12 pl ; R.3 | 42-41 } 6 pl — DES 1res LOGES: 1 | 43 } 8 pl ; 13 | 42-41 } 6 pl — DES 2es LOGES: 1 | 43 } 8 pl ; 2·3 | 42 41 } 4 pl	3 | 16 ; 9 } 5 pl ; 7 6 } 8 pl ; 10 } 3 pl ; les autres } 4 pl	4 | 40 ; 14 | 30 } 3 pl ; les autres } 6 pl	toutes } 6 pl	2 | 42 ; 3 | 41 ; 4 | 40 } 4 pl ; 5 | 39 ; 6 | 38 } 5 pl ; 7 | 37 ; 14 | 30 } 7 pl ; les autres de } 6 pl	5 | 22 ; 4 | 21 } 4 pl ; 9 | 16 ; 10 | 15 } 8 pl ; les autres } 6 pl	toutes } 4 pl

LE THÉATRE DE L'OPÉRA CONTIENT 1900 PLACES.

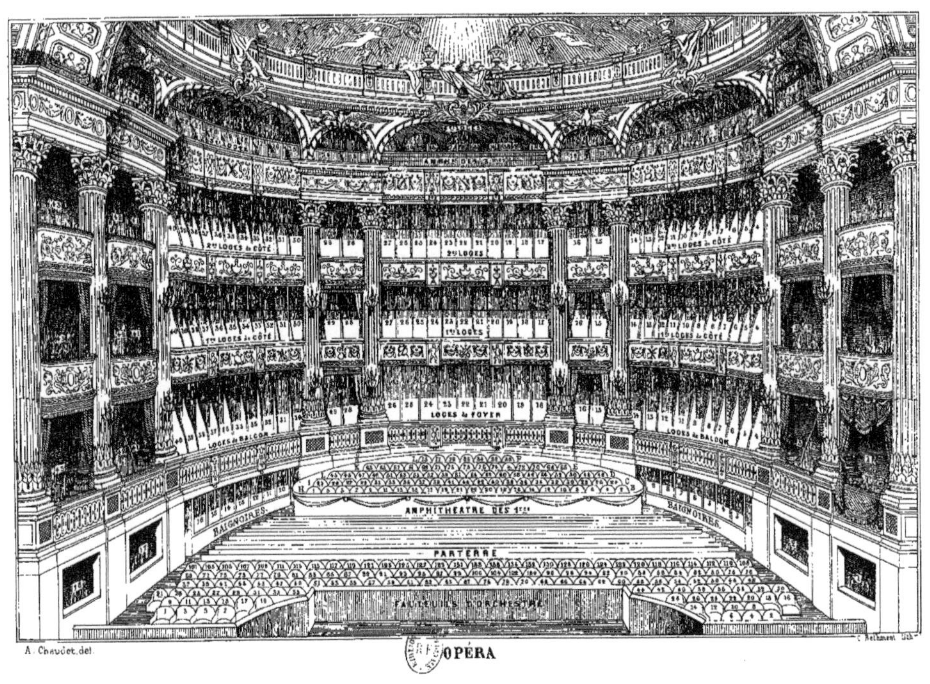

A. Chaudet, del. — C. Belhmont, lith.

THÉATRE IMPÉRIAL FRANÇAIS.

RUE RICHELIEU.

TARIF DU PRIX DES PLACES

AU JOUR ET EN LOCATION.

BILLETS DÉLIVRÉS AU PREMIER BUREAU.	fr.	c.
Avant-Scène du Rez-de-Chaussée.	8	»
Loges du Rez-de-Chaussée.	6	60
Id. de la Galerie et Balcon.		
Premières Loges de face (fermées) 2me rang de loges.	6	»
Premières Loges découvertes (même rang). . .		
Fauteuils d'Orchestre et Orchestre avancé (des musiciens).	5	»
Fauteuils de la première Galerie		
Second Balcon (étage des Premières découvertes).	4	»
Secondes Loges et Avant-Scène des dites. . . .	3	50
Galerie des deuxièmes Loges	2	50
Troisièmes Loges.	2	»
DEUXIÈME BUREAU.		
Parterre.	2	50
Seconde Galerie.	1	50
Amphithéâtre de la deuxième Galerie	1	»
Les Enfants paient place entière.		
EN LOCATION.		
Avant-Scène du Rez-de-Chaussée (avec Salon). .	12	50
Id. Id. (sans Salon). .	10	»
Loges du Rez-de-Chaussée (nos 1 et 2)	9	»
Autres Loges du Rez-de-Chaussée	8	»
Loges de la Galerie.	9	»
Grandes Premières de face (2me rang de Loges).	8	»
Premières découvertes (même rang). . . .	7	»
Secondes fermées.	6	»
Secondes découvertes	5	»
Galerie des Deuxièmes Loges	4	»

1550 PLACES.

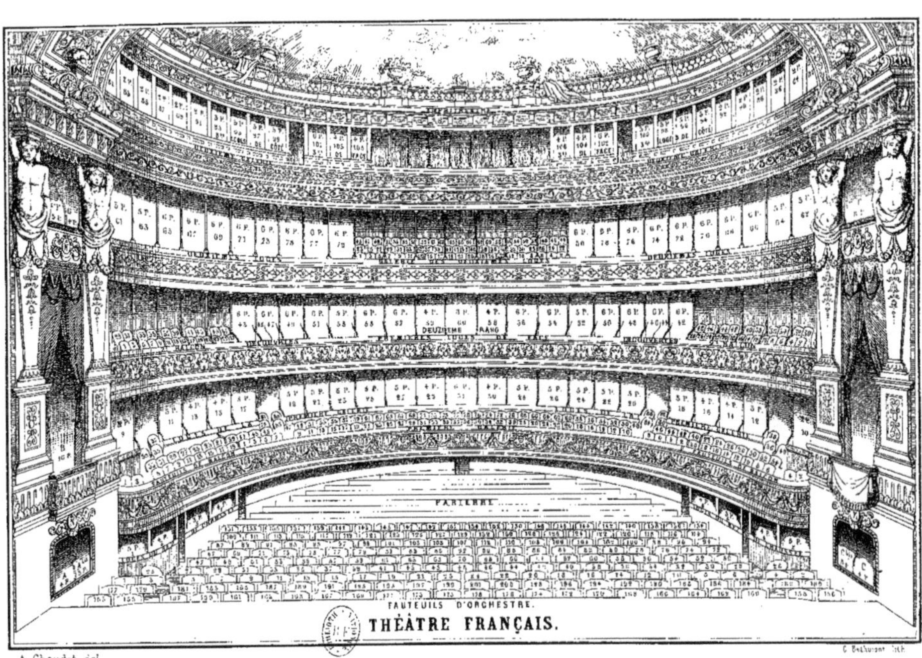

A. Chaudet del

C. Bachomont lith.

THÉATRE IMPÉRIAL ITALIEN.

PLACE VANTADOUR.

TARIF DU PRIX DES PLACES

AU JOUR ET EN LOCATION.

Le Bureau de Location et d'Abonnement est ouvert tous les jours, au Théâtre, de 10 heures du matin à 5 heures de relevée.

	En Location		Au Bureau	
	fr.	c.	fr.	c.
Stalles d'Orchestre et de Balcon....	12	»	10	»
Loges du Rez-de-Chaussée.......				
Premières Loges...........	13	»	10	»
Secondes Loges de face.........	10	»	9	»
Secondes Loges de côté découvertes...	9	»	8	»
Secondes Loges de côté fermées....	8	»	7	»
Troisièmes Loges de face.......	7	»	6	»
Troisièmes Loges de côté découvertes..	6	50	5	50
Troisièmes Loges de côté fermées....	6	»	5	»
Quatrièmes Loges..........	4	»	3	50
Parterre...............		»		»

NOMBRE DE PLACES DANS CHAQUE LOGE

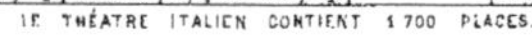

LOGES DU REZ-DE-CHS	PREMIÈRES LOGES		DEUXIÈMES LOGES		TROISIÈMES LOGES		QUATRIÈMES LOGES
	DÉCOUVERTES	FERMÉES	DÉCOUVERTES	FERMÉES	DÉCOUVERTES	FERMÉES	
13 / 12 / 6 } 5 pl	T / A } 6 pl	21 | 6 / 22 | 5 } 5 pl / 23 | 4 / 24 | 3 } 4 pl / 25 | 2	Z / Z bis | A bis / A } 2 pl	19 | 12 } 5 pl / 16 | 15 / 17 | 14 } 6 pl / 18 | 13 / 20 | 11	toutes } 4 pl	17 | 16 / 18 | 15 } 5 pl / 19 | 14 / 31 | 2 } 3 pl	18 | 15 / 24 | 9 / 27 | 6 } 3 pl / 28 | 5 / 30 | 3 / 32 | 1 / 35 | 1 bis } 2 pl
les autres } 4 pl	les autres } 4 pl	les autres } 6 pl	les autres } 4 pl	les autres } 4 pl		les autres } 4 pl / 31 | 2	les autres } 4 pl

LE THÉATRE ITALIEN CONTIENT 1 700 PLACES.

THÉATRE IMPÉRIAL ITALIEN.

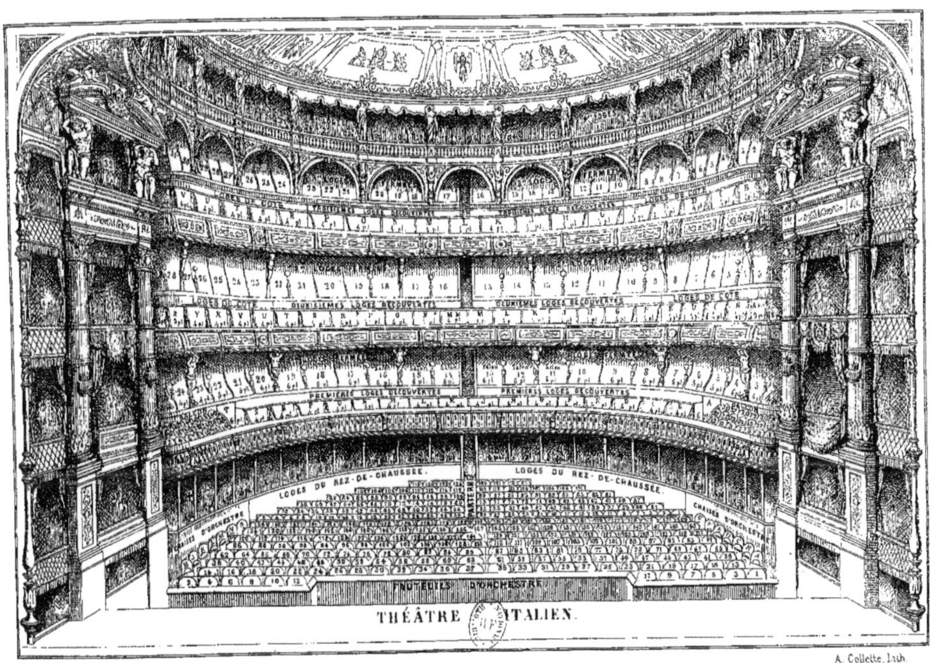

A. Chaudet, del.

A. Collette, lith.

THÉATRE IMPÉRIAL DE L'ODÉON.

PLACE DE L'ODÉON.

TARIF DU PRIX DES PLACES

AU JOUR ET EN LOCATION

	En Location		Au 1er Bureau	
	fr.	c.	fr.	c.
Premières Loges à Salou.				
Avant-Scène du Rez-de-Chaussée.	6	»	5	. »
Premières Loges de face	5	»	4	»
Premières Loges fermées (de côté). . . .				
Premières Loges découvertes.	4	»	3	ʃ
Stalles de Balcon.				
Stalles des premières Galeries.				
Stalles d'Orchestre.				
Premières Loges découvertes du 2e rang de face.	3	50	2	50
Avant-Scène des Deuxièmes.				
Baignoires.	3	50	2	50
Deuxièmes Loges fermées.	2	50	2	»
Stalles de deuxième Galerie.	2	»	1	50

Les Dames ne sont plus admises à l'Orchestre.

DEUXIÈME BUREAU.

	fr.	c.
Parterre.	1	50
Avant-Scène des Troisièmes.	1	»
Troisième Galerie.	1	»
Amphithéâtre des Troisièmes	»	75
Amphithéâtre des Quatrièmes	»	50

Les Enfants paient place entière.

1650 PLACES.

THÉATRE IMPÉRIAL DE L'ODÉON.

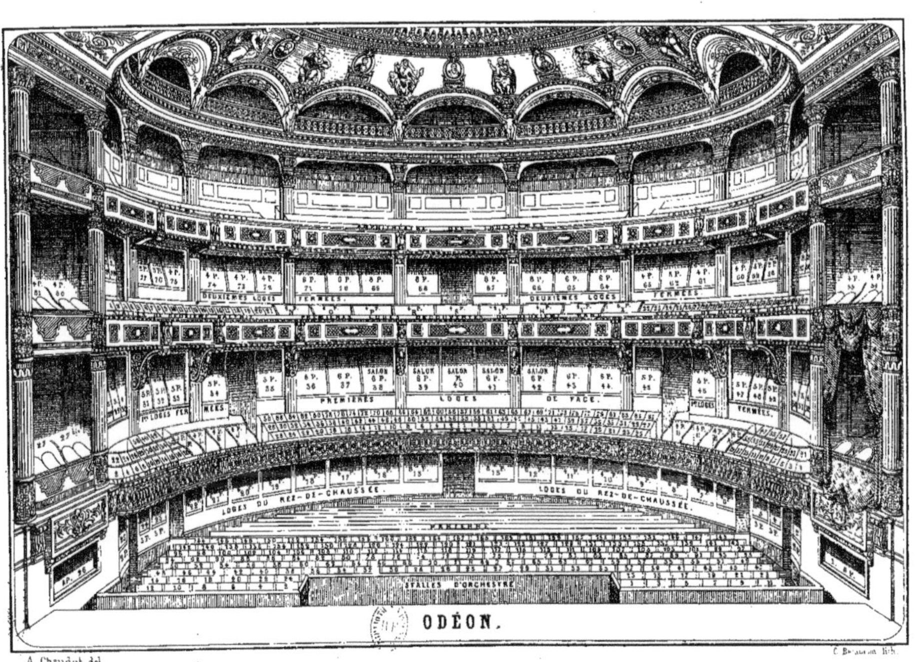

THÉATRE IMPÉRIAL DE L'OPÉRA COMIQUE.

PLACE BOÏELDIEU

TARIF DU PRIX DES PLACES

au jour et en location

	En Location		Au 1er Bureau	
	fr.	c.	fr.	c.
Loges de la première Galerie avec Salon.				
Avant-Scène de Balcon	9	»	7	»
Avant-Scène de la première Galerie . . .				
Avant-Scène du Rez-de-Chaussée.				
Loges de la 1re Galerie de face sans Salon. .				
1res Loges de face avec Salon	8	»	6	50
Fauteuils de Balcon.				
Fauteuils de la première Galerie.	7	50	6	»
Baignoires de face ou de côté.				
Loges de la première Galerie de côté. . .	7	»	6	»
Premières Loges de face sans Salon. . . .				
Fauteuils d'Orchestre.				
Avant-Scène des premières Loges	6	50	5	»
Premières Loges de côté avec Salon . . .	6	»	5	»
Premières Loges de côté sans Salon . . .	5	»	4	»
Avant-Scène des Loges de la 2me Galerie. .	4	»	»	»
Loges de la deuxième Galerie de face . .	3	»	»	»
Loges de la deuxième Galerie de côté. . .	2	50	»	»
Troisièmes Loges.	2	50	»	»

Nota. — Les Loges se louent entières. — Le Parterre et la 1re Galerie ne se donnent point en location.

DEUXIÈME BUREAU.

	Au 1er Bureau	
Deuxième Galerie.		
Avant-Scène de la deuxième Galerie	3	»
Parterre.	2	50
Loges de la deuxième Galerie de face	2	»
Loges de la deuxième Galerie de côté.		
Troisièmes Loges	1	50
Amphithéâtre.	1	»

1500 PLACES

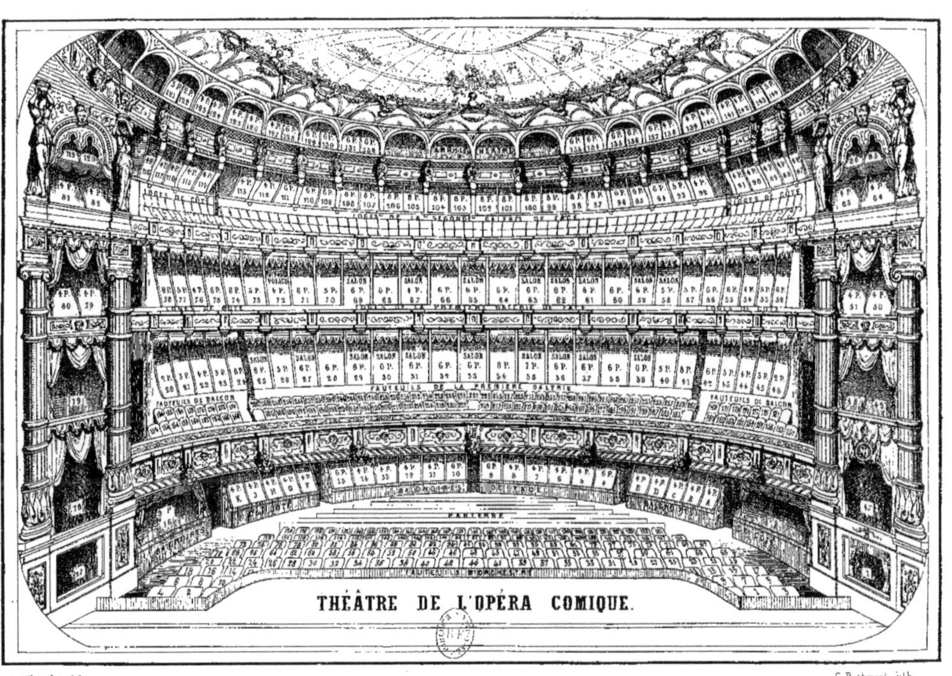

A. Chaudet. del.

C. Bethmont. lith.

THÉÂTRE DU GYMNASE DRAMATIQUE

BOULEVARD BONNE-NOUVELLE

TARIF DU PRIX DES PLACES

AU JOUR ET EN LOCATION.

—o0o—

	En Location		Au 1er Bureau	
	fr.	c.	fr.	c.
Avant-Scène	8	»		
Loges d'Entresol.	7	50	6	»
Fauteuils d'Orchestre				
Fauteuils de Balcon.	6	»	5	»
Fauteuils de Galerie.				
Baignoires				
Premières Loges de face.	5	»	4	»
Premières Loges de côté.	4	»	3	»
Stalles d'Amphithéâtre des deuxièmes.				
Avant-Scène des deuxièmes Loges.	3	»	2	50
Deuxièmes Loges de côté.				
Avant-Scène des troisièmes Loges.	2	50	»	»
Troisièmes Loges	2	»	»	»

DEUXIÈME BUREAU.

Parterre.		
Deuxièmes Loges de côté.	2	»
Troisièmes Loges.	1	25
Deuxième Galerie.	1	»

NOMBRE DE PLACES DANS CHAQUE LOGE.

BAIGNOIRES					LOGES D'ENTRESOL				PREMIÈRES LOGES			SECONDES LOGES DE COTÉ		3es LOGES
									DE FACE	DE CÔTÉ				
17 18 19	1 2 3	} 4 pl	10 11 12 13 14 15	5 6 7 8 9	} 6 pl	35 36 37 38	20 21 22 23	} 4 pl	29 30 31 32 33 34	24 25 26 27 28	} 5 pl	toutes } 6 pl	77 39 } 4 pl	79 82 } 4 pl	toutes } 5 pl
15	4	} 5 pl										80 40 } 5 pl	84 6 80 83 82 65 83 68 } 5 pl	
												58 47 59 42 } 6 pl		

AVANT-SCÈNES

DU REZ-DE-CHAUSSÉE			D'ENTRESOL		DES PREMIÈRES		DES DEUXIÈMES		DES TROISIÈMES	
L M	} 4 pl	A B } 5 pl	N O	de S M l'Emp r } 4 pl	P R	Y Z } 4 pl	S T	G H } 4 pl	V X	J K } 4 pl

LE THÉATRE DU GYMNASE CONTIENT 1300 PLACES

THÉATRE DU GYMNASE DRAMATIQUE.

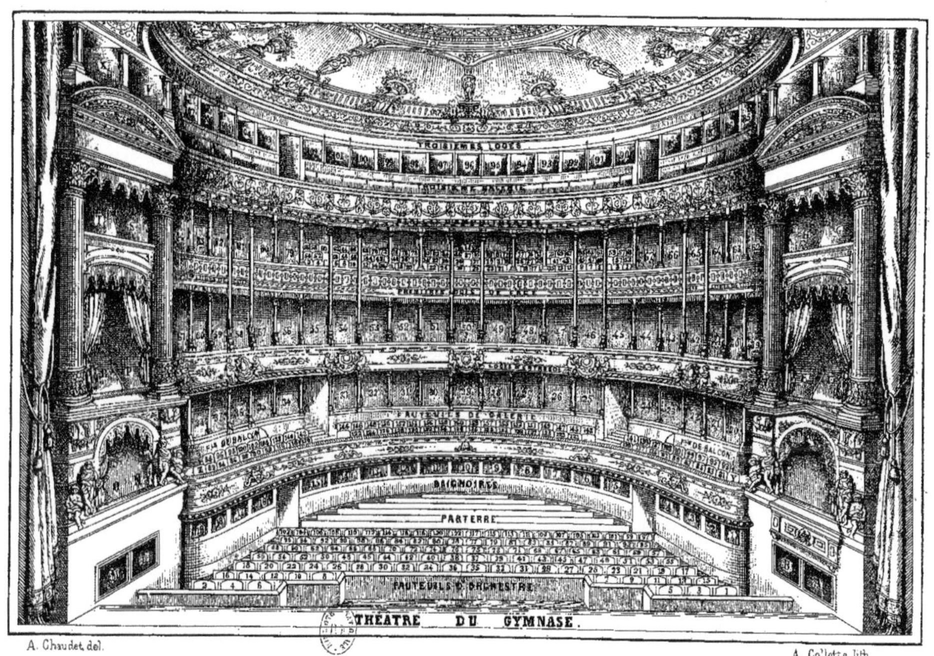

A. Chaudet, del.

A. Collette, lith.

THÉATRE LYRIQUE.

BOULEVARD DU TEMPLE

TARIF DU PRIX DES PLACES

AU JOUR ET EN LOCATION

		En Location		Au Bureau	
		fr.	c.	fr.	c.
REZ-DE-CHAUSSÉE.	Avant-Scène du Rez-de-Chaussée	8	»	6	»
	Fauteuils d'Orchestre	6	»	4	»
	Stalles d'Orchestre	4	»	3	»
	Baignoires	5	»	3	50
1ᵉʳ ÉTAGE.	Avant-Scène du Balcon	8	»	6	»
	Avant-Scène du Théâtre	5	50	4	50
	Loges du Balcon avec Salon	7	»	5	»
	Loges du Balcon sans Salon	7	»	»	»
	Fauteuils de Balcon	6	»	4	»
2ᵐᵉ ÉTAGE.	Avant-Scène des 1ʳᵉˢ Loges	5	»	4	»
	Fauteuils de la 1ʳᵉ Galerie	4	»	3	»
	1ʳᵉˢ Loges de face à Salon	6	»	4	50
	1ʳᵉˢ Loges de côté	4	»	3	»
	Stalles de la 1ʳᵉ Galerie	3	50	»	»
3ᵐᵉ ÉTAGE.	Stalles de la 2ᵐᵉ Galerie	2	50	2	»
	Parterre				
	2ᵐᵉ Galerie	»	»	1	50
	Amphithéâtre	»	»	»	75

NOMBRE DE PLACES DANS CHAQUE LOGE

AVANT - SCÈNES				BAIGNOIRES	LOGES DE BALCON avec salon	LOGES DE BALCON sans salon	1ʳᵉˢ LOGES DE FACE avec salon	1ʳᵉˢ LOGES DE CÔTÉ
du rez-de-Chauss	du Balcon	des 1ʳˢ loges	du Théâtre					
1 / 3 } 5 p.	11 / 10 } 4 p.	33 / 34 } 3 pl.	A / B / C / D E / F / G / H } 4 pl.	5 / 4 } 3 pl. 7 / 6 } 5 pl. 9 / 8 } 6 pl.	15 / 18 19 / 22 } 7 pl. 26 30 31 } 6 pl.	13 / 16 17 / 20 21 / 24 } 6 pl. 25 / 28 29 / 32 23 / 27 14 } 7 pl.	51 / 52 53 / 54 } 6 pl. 55 / 56 57 } 5 pl.	37 / 38 } 3 pl. 39 / 40 } 4 pl. 41 / 42 } 5 pl. 43 / 44 45 / 46 47 / 48 49 / 50 } 6 pl.
2 } 4 pl	11ᵇⁱˢ / 12 } 6 pl.	35 / 36 } 5 pl.						
2 ᵇⁱˢ } 6 pl								

LE THÉATRE LYRIQUE CONTIENT 1800 PLACES

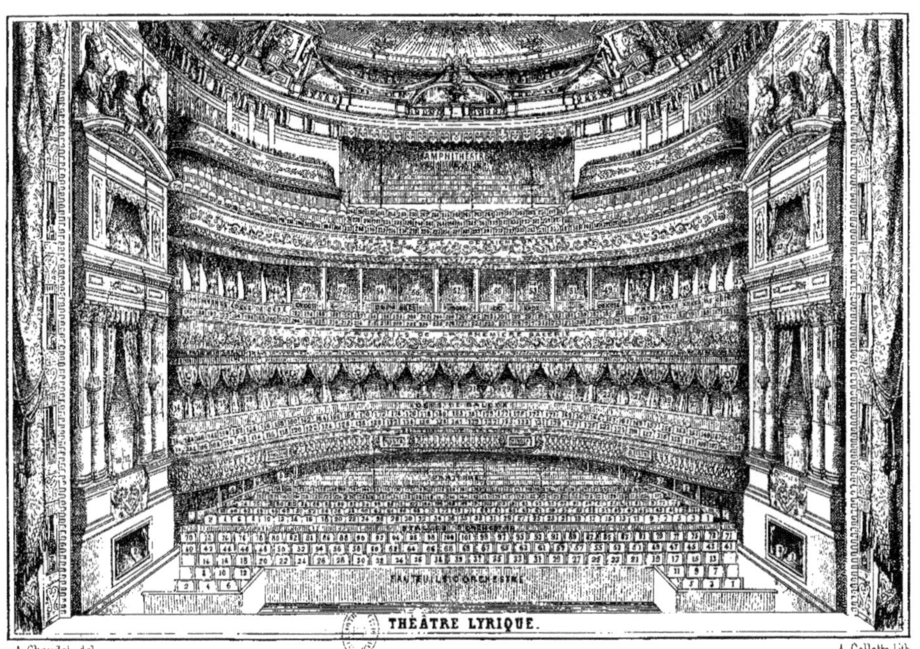

AMPHITHEATRE
FAUTEUILS D'ORCHESTRE
FAUTEUILS D'ORCHESTRE
THÉATRE LYRIQUE.

THÉATRE DE LA PORTE St MARTIN.

BOULEVARD St MARTIN.

TARIF DU PRIX DES PLACES

AU JOUR ET EN LOCATION.

	Au Bureau fr. c.	En location fr. c.
Avant-Scène du Rez-de-Chaussée		
Avant-Scène des Premières......		
Avant-Scène des Deuxièmes avec Salon .		
Loges de face du premier Rang....	5 »	7 »
Baignoires...............		
Premières Loges de Balcon......		
Fauteuils de Balcon de face		
Fauteuils de Balcon d'Avant-Scène ...	4 »	6 »
Loges de face de la Galerie.......		
Fauteuils d'Orchestre...........	3 »	5 »
Stalles d'Orchestre............		
Stalles de la première Galerie	2 50	4 »
Premières Loges découvertes de la Galerie.		
Stalles des Secondes.........	2 »	2 50
Secondes Loges d'Avant-Scène.....	1 50	2 »
Stalles de Parterre..........	1 50	3 »
Pourtour du Rez-de-Chaussée......		
Parterre..................	1 50	» »
Galerie des Secondes.........		
Deuxième Galerie...........	1 »	» »
Amphithéâtre.............	» 50	» »

NOMBRE DE PLACES DANS CHAQUE LOGE.

AVANT-SCÈNES				LOGES DE FACE DU PREMIER RANG		1res LOGES DE BALCON		LOGES DE FACE DE LA GALERIE		1res LOGES DÉCOUVERTES DE LA GALERIE	
DU REZ DE CH^e	DES PREMIÈRES	DES DEUXIÈMES									
1 | 2 } 8 pl.	3 | 6 } 4 pl. 5 | 6	25 | 26 } 8 pl. 47 | 48	7 | 10 } 5 pl. 9 | 12 11 | 14	13 | 16 } 6 pl. 15 | 18 17 | 20 19 | 29 24	E | A } 3 pl.	F | B G | C } 4 pl. H | D	49 | 50 } 7 pl.	51 | 52 } 6 pl. 53 | 54	55 | 56 } 5 pl. 57 | 58 59 | 60 62	27 | 28 } 3 pl. 29 | 30 31 | 32	33 | 34 } 4 pl. 35 | 36 37 | 38 39 | 40 41 | 42
BAIGNOIRES { X | Y V | Z } 5 pl.		GRILLÉES N | M } 4 pl.									

LE THÉATRE DE LA PORTE St MARTIN CONTIENT 1800 PLACES

THÉATRE DE LA PORTE St MARTIN.

A. Chaudet, del.

C. Bethmont lith.

THÉÂTRE DU VAUDEVILLE.

PLACE DE LA BOURSE.

TARIF DU PRIX DES PLACES

AU JOUR ET EN LOCATION

PREMIER BUREAU.	En Location		Au Bureau	
	fr.	c.	fr.	c.
Avant-Scène du Rez-de-Chaussée.				
Avant-Scène du Foyer	7	50	6	»
Avant-Scène découverte du Foyer.				
Fauteuils d'Orchestre.				
Fauteuils de Balcon.	6	»	5	»
Fauteuils de Galerie				
Loges de face fermées du Foyer	6	25	5	»
Loges découvertes du Foyer.				
Avant-Scène des Premières	6	»	5	»
Baignoires découvertes de côté.	5	»	4	»
Premières Loges de face.				
Premières Loges de côté	4	»	3	»
Stalles de Pourtour.				
Avant-Scène des Secondes.	3	»	2	50
Secondes Loges de face.	2	50	»	»
Secondes Loges de côté.	2	»	»	»
DEUXIÈME BUREAU.				
Parterre.	»	»	2	»
Deuxièmes Loges de face.	»	»		
Deuxième Loges de côté	»	»	1	50
Deuxième galerie	»	»	1	»

1300 PLACES.

THÉATRE DU VAUDEVILLE.

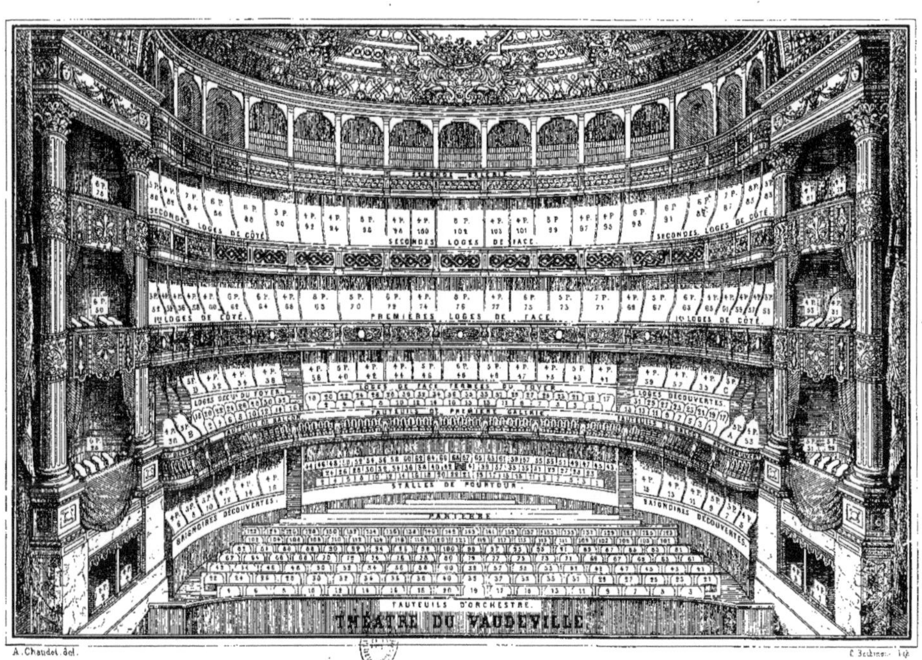

A. Chaudet. del.

THÉATRE DES VARIÉTÉS.

BOULEVARD MONTMARTRE.

TARIF DU PRIX DES PLACES
AU JOUR ET EN LOCATION

PREMIER BUREAU.	Au Bureau	En Location
	fr. c.	fr. c.
Avant-Scènes	6 »	35 » les 5 places
Baignoires		25 » les 4 places.
Loges de la Galerie		30 » les 6 places.
Fauteuils de Balcon	5 »	
Fauteuils d'Orchestre.		6 »
Stalles de la première Galerie.		5 »
Deuxièmes Loges de face. . .	4 »	20 » les 4 places.
Stalles d'Orchestre.		5 »
Avant-Scène du Foyer	3 »	20 » les 5 places.
Loges intermédiaires.		16 » les 4 places.
Deuxièmes Loges de côté. . .	2 50	12 » les 4 places.
DEUXIÈME BUREAU.		
Pourtour	2 50	3 »
Parterre.		
Deuxième Galerie	2 »	2 50
Troisièmes Loges.		10 » les 4 places.
Deuxième Balcon	1 50	2 »
Premier Amphithéâtre.. . . .	1 25	» »
Deuxième Amphithéâtre . . .	» 75	» »

1240 PLACES.

THÉATRE DES VARIÉTÉS.

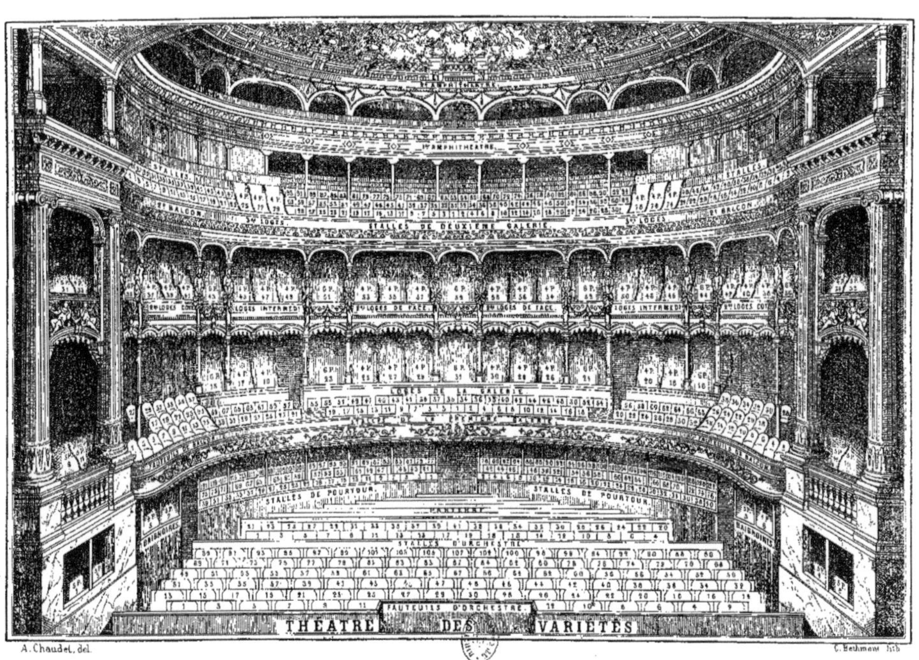

A. Chaudet, del.

C. Bethmont, lith.

THEATRE DU PALAIS ROYAL.

PÉRYSTYLE MONTPENSIER.

TARIF DU PRIX DES PLACES AU JOUR ET EN LOCATION

REZ-DE-CHAUSSÉE.

Côté gauche (En location)					Côté droit (En location)				
AVANT-SCÈNE	B,	4 places.	25 f.	» c.	AVANT-SCÈNE	F,	4 pl. (dir.)	25 f.	» c.
	C,	5 —	31	25		E,	5 places.	31	25
	A,	4 —	12	50		D,	5 —	18	75
LOGE D'ORCHESTRE.	1,	4 —	20	»	LOGE D'ORCHESTRE.	11,	5 —	25	»
	2,	4 —	20	»		10,	5 —	25	»
	3,	5 —	25	»		9,	4 —	20	»
	4,	4 —	20	»					
LOGE FERMÉE.	5,	2 —	10	»	LOGE FERMÉE.	8,	4 —	20	»
	6,	2 —	10	»		7,	3 —	15	»

PREMIÈRES LOGES.

Côté gauche					Côté droit				
AVANT-SCÈNE	G,	4 places.	25 f.	» c.	AVANT-SCÈNE	K,	6 places.	37 f.	50 c.
	H,	5 —	31	25		J,	6 —	37	50
LOGE DE BALCON.	12,	3 pl. (com.)	18	75	LOGE DE BALCON.	27,	4 —	25	»
	13,	4 places.	25	»		26,	4 —	25	»
	14,	5 —	31	25		25,	4 —	25	»
	15,	4 —	25	»		24,	5 —	31	25
LOGE FERMÉE.	16,	5 —	31	25	LOGE FERMÉE.	23,	5 —	31	25
	17,	5 —	31	25		22,	5 —	31	25
	18,	5 pl. (pro.)	31	25		21,	5 —	31	25
	19,	5 places.	31	25		20,	5 —	31	25

DEUXIÈMES LOGES.

Côté gauche					Côté droit				
AVANT-SCÈNE	L,	4 places.	20 f.	» c.	AVANT-SCÈNE	O,	4 places.	20 f.	» c.
	M,	5 —	25	»		N,	5 —	25	»
LOGE DÉCOUVERTE.	28,	2 —	10	»	LOGE DÉCOUVERTS.	48,	5 —	15	»
	29,	4 —	12	»		47,	9 —	27	»
	30,	8 —	24	»		46,	5 —	15	»
	31,	5 —	15	»		45,	4 —	12	»
	32,	7 —	21	»					
LOGE FERMÉE.	33,	6 —	30	»	LOGE FERMÉE.	44,	6 —	30	»
	34,	6 —	30	»		43,	6 —	30	»
	35,	6 —	30	»		42,	7 —	35	»
	36,	6 —	30	»		41,	6 —	30	»
	37,	6 —	30	»		40,	7 —	35	»
	38,	7 —	35	»		39,	5 pl. (préf.)	30	»

TROISIÈMES LOGES.

Côté gauche					Côté droit				
AVANT-SCÈNE	P,	4 places.	16 f.	» c.	AVANT-SCÈNE	T,	4 places.	16 f.	» c.
	R,	5 —	20	»		S,	5 —	20	»
LOGE DE CÔTÉ FERMÉE.	49,	3 —	7	50	LOGE DE CÔTÉ FERMÉE.	58,	3 —	7	50
	50,	3 —	7	50		57,	3 —	7	50
	51,	3 —	7	50		56,	3 —	7	50
	52,	3 —	7	50		55,	3 —	7	50
	53,	3 —	7	50		54,	3 —	7	50

Pourtour du Rez-de-Chaussée	3 f. » c.		Fauteuil de 1re Galerie. . .	5 f. » c
Fauteuil d'Orchestre.	6 »		Stalle de 2e Galerie	2 50
Fauteuil de Balcon.	6 »			

AU BUREAU.

Avant-Scène		Fauteuil de première Galerie.	
Première Loge de face . . .		Avant-Scène des deuxièmes .	
Première Loge de Balcon. .	3 f. » c.	Deuxième Loge de face . . .	4 f. » c
Fauteuil de Balcon.		Baignoire d'Orchestre et de face.	
Fauteuil d'Orchestre			
Avant-Scène des troisièmes.	3 f. » c.	Troisième Loge.	2 f. » c.
Deuxième Loge de côté. . .	2 50	Stalle de deuxième Galer .	
Pourtour du Rez-de-Chaussée		Parterre.	1 50

950 PLACES.

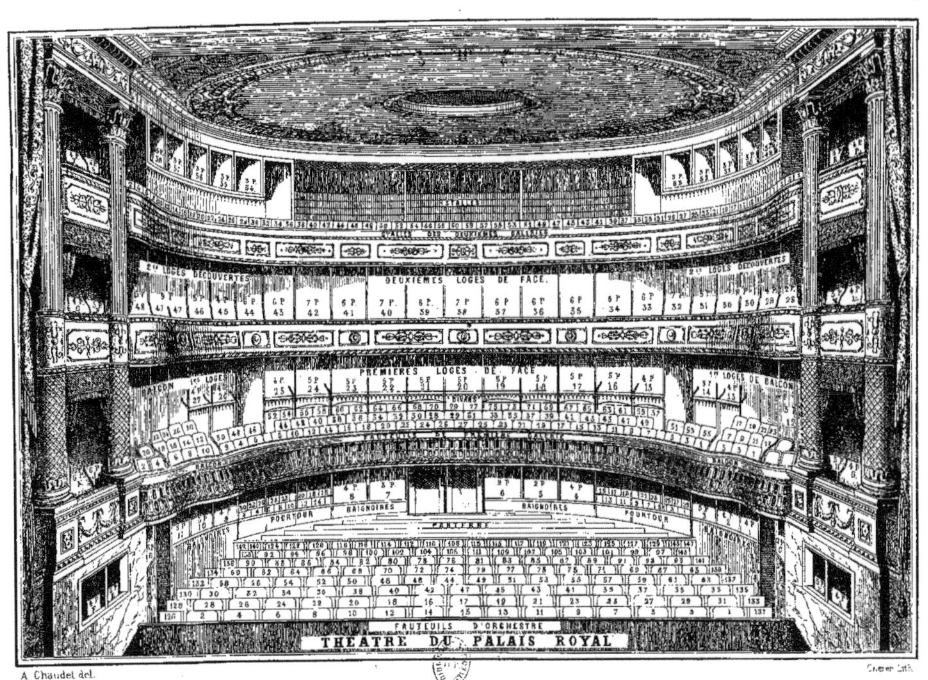

A. Chaudet del.

GUIDE

DANS

LES THÉATRES

DE PARIS

DESSINS DES SALLES DE SPECTACLE

AVEC

L'INDICATION DES PLACES ET LE TABLEAU DES PRIX

DEUXIÈME PARTIE

GAÎTÉ, AMBIGU-COMIQUE, THÉATRE IMPÉRIAL DU CIRQUE, FOLIES DRAMATIQUES
FOLIES NOUVELLES, BOUFFES PARISIENS, THÉATRE BEAUMARCHAIS

PARIS

A. CHAUDET, ARCHITECTE, RUE LAVAL, 11

1857

THÉATRE DE LA GAITÉ

BOULEVARD DU TEMPLE, 58

TARIF DU PRIX DES PLACES

AU JOUR ET EN LOCATION

	Au Bureau		En Location	
PREMIER BUREAU.	fr.	c.	fr.	c.
Avant-Scènes du Rez-de-Chaussée.				
Id. des Premières	5	»	7	»
Loges de face.				
Baignoires.			6	»
Fauteuils de la première Galerie.				
Fauteuils d'Orchestre.	4	»	5	»
Loges du Pourtour et Stalles de Balcon.	3	»	4	»
Stalles d'Orchestre.	2	50	3	50
Deuxième Avant-Scène.	2	»	3	»
Stalles des Secondes.	2	»	2	50
Premier Amphithéâtre.	1	50	»	»
DEUXIÈME BUREAU.				
Deuxième Galerie de côté	1	25	»	»
Parterre.	1	»	»	»
Troisième Galerie.	»	75	»	»
Quatrième Amphithéâtre.	»	50	»	»

1,800 PLACES

A. Chaudet, del.   C. Bathmont, lith.

THÉÂTRE DE L'AMBIGU-COMIQUE

BOULEVARD SAINT-MARTIN, 2

TARIF DU PRIX DES PLACES

AU JOUR ET EN LOCATION.

	Au Bureau.		En location.	
PREMIER BUREAU.	fr.	c.	fr.	c.
Avant-Scènes du Rez-de-Chaussée. . . .				
Avant-Scènes des premières.	6	»	7	»
Loges de face à Salon				
Fauteuils du 1er rang des 1res et Balcon.	4	»	5	»
Fauteuils d'Orchestre	4		5	
Fauteuils des 1res et du 2me rang du Balcon.	3	»	4	»
Loges découvertes des premières				
Baignoires grillées.				
Avant-Scènes des deuxièmes				
Loges grillées des secondes de face. . .	2	50	3	50
Stalles d'Orchestre.				
Fauteuils des secondes.	2	50	3	»
Fauteuils du Pourtour.				
Stalles des secondes de face	2	»	»	»
Seconde Galerie de côté	1	50	2	»
Stalles de Pourtour..				
Avant-Scènes des troisièmes	1	50	»	»
Avant-Scènes des quatrièmes.	1	25	»	»
Parterre	1	25	»	»

Demi-places à 3 fr. » c.

—	2	»
—	1	50
—	1	25
—	1	»
—	»	75
—	»	65
—	»	50

Les enfants paient place entière aux Fauteuils
et aux Stalles.

DEUXIÈME BUREAU.				
Troisième Galerie	»	75	»	»
Quatrième Galerie.	»	50	»	»

1,000 PLACES

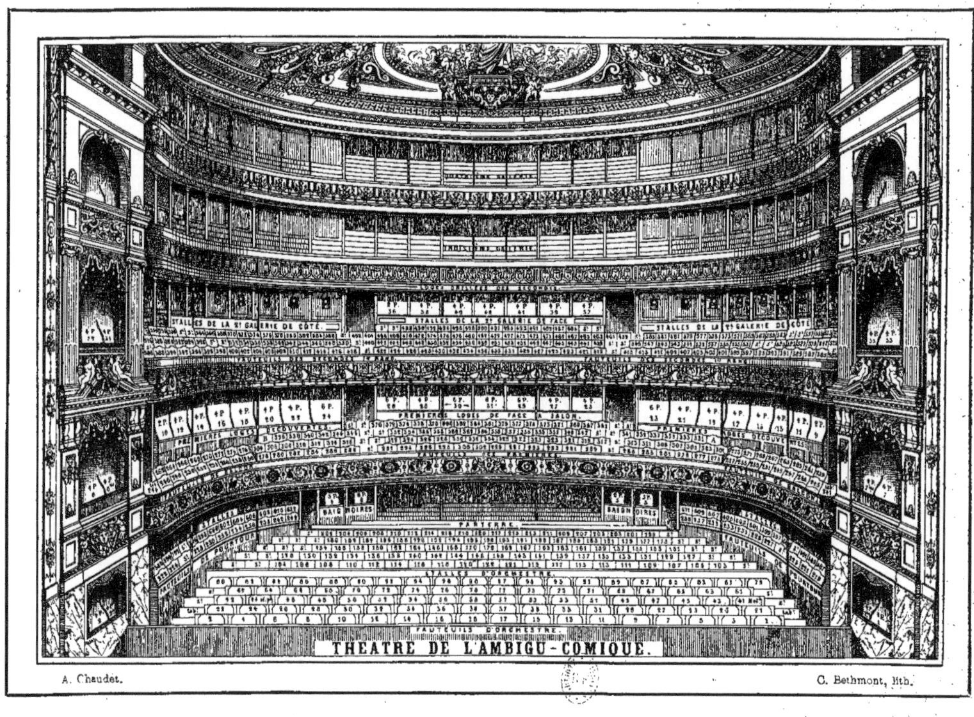

A. Chaudet.

C. Bethmont, lith.

THÉATRE IMPÉRIAL DU CIRQUE

BOULEVARD DU TEMPLE, 66

TARIF DU PRIX DES PLACES

AU JOUR ET EN LOCATION

	Au Bureau		En Location	
PREMIER BUREAU.	fr.	c.	fr.	c.
Avant-Scènes du Rez-de-Chaussée et des 1res	5	»	6	»
Loges de face	4	»	5	»
Fauteuils de Pourtour	3	»	4	»
Stalles de Balcon et Baignoires	2	50	3	50
Stalles d'Orchestre.	3	»	4	»
Orchestre	2	»	3	»
Deuxième Galerie	1	50	»	»
DEUXIÈME BUREAU.				
Avant-Scènes des Deuxièmes	2	»	»	»
Avant-Scènes des Troisièmes..	1	25	»	»
Premier Amphithéâtre	1	»	»	»
Parterre	1	»	»	»
Deuxième Amphithéâtre	»	75	»	»
Troisième Amphithéâtre	»	50	»	»

2,200 PLACES

A. Ghaudet.

C. Bathmont. lith.

THÉATRE DES FOLIES DRAMATIQUES

BOULEVARD DU TEMPLE, 62

TARIF DU PRIX DES PLACES

AU JOUR ET EN LOCATION.

	Au Bureau	En Location
	fr. c.	fr. c.
Avant-Scène du Rez-de-Chaussée		
Avant-Scène d'Entresol.	3 »	4 »
Avant-Scène des Premières.		
Loges de face	2 50	3 25
Stalles d'Entresol de face.	2 »	2 50
Stalles de Balcon		
Avant-Scène de Secondes.	1 50	2 »
Stalles de la Galerie.	1 25	1 50
Stalles d'Orchestre.		
Avant-Scène des Troisièmes.	1 »	1 25
Parterre.		
Première Galerie.	» 75	1 »
Deuxième Galerie	» 50	» »
Troisième Galerie	» 30	» »

1,200 PLACES

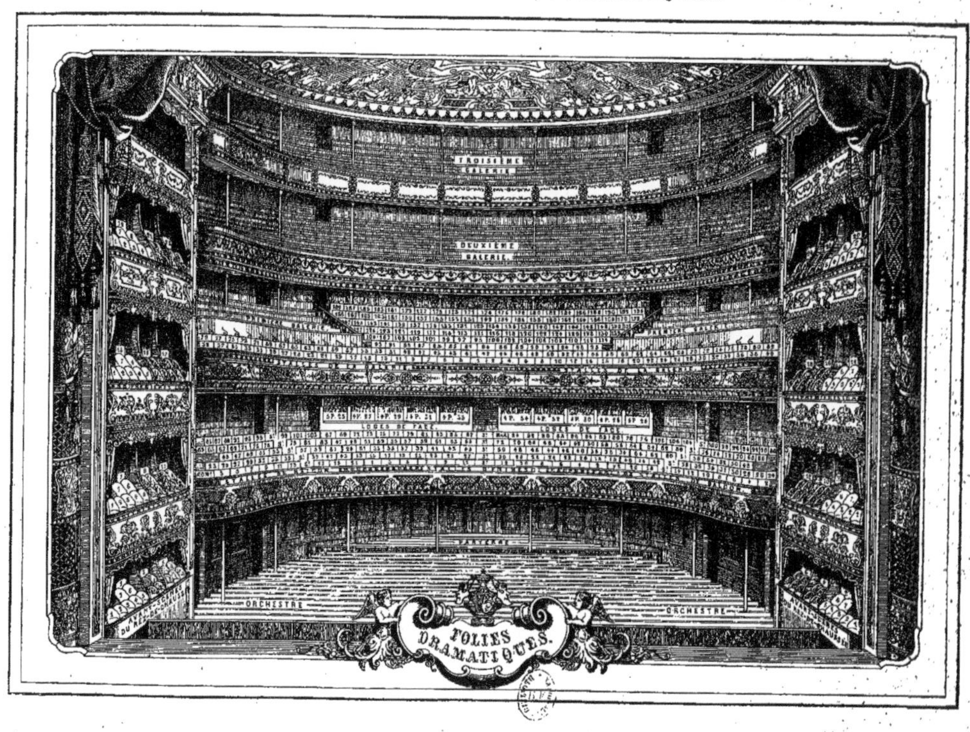
FOLIES
DRAMATIQUES.
ORCHESTRE
ORCHESTRE

THÉATRE DES FOLIES NOUVELLES

BOULEVARD DU TEMPLE, 41

TARIF DU PRIX DES PLACES

AU JOUR ET EN LOCATION.

	Au Bureau	En Location
	fr. c.	fr. c.
Avant-Scène du Rez-de-Chaussée et du Balcon	3 50	4 »
Avant-Scène de la Galerie		
Loges découvertes du Rez-de-Chaussée. .	3 »	3.50
Loges découvertes du Balcon.		
Fauteuils d'Orchestre et de Balcon . . .		
Stalles d'Orchestre.	2 »	2 50
Stalles de Balcon		
Stalles de la Galerie.	1 50	» »
Orchestre		
Galerie.	1 »	» »
Parterre.	» 75	» »

850 PLACES

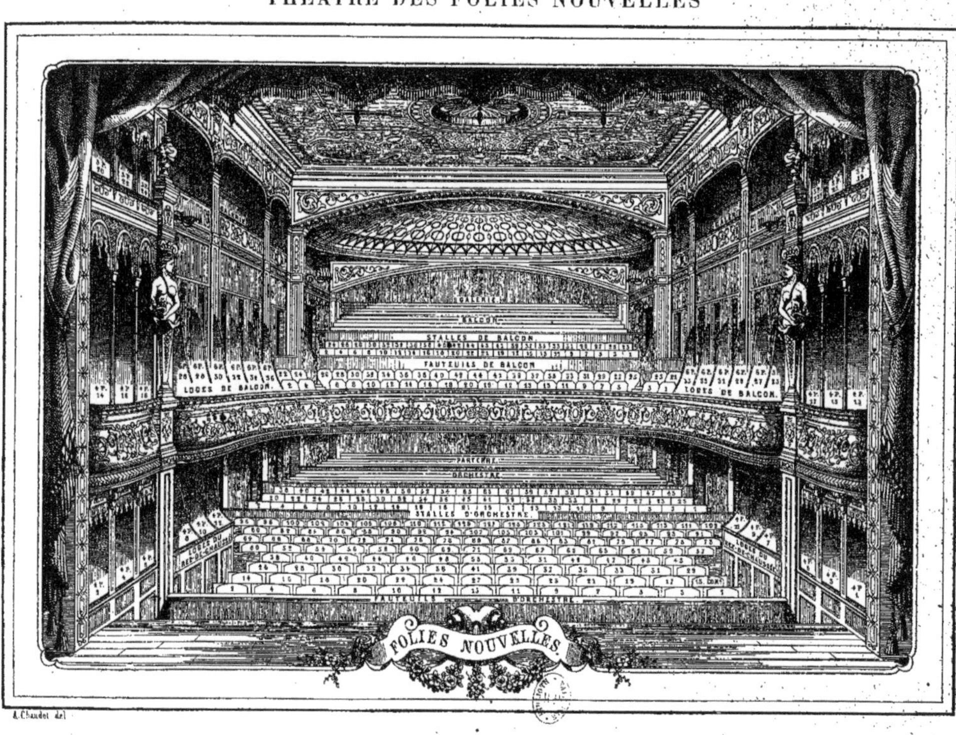
GALERIE
BALCON
STALLES DE BALCON.
FAUTEUILS DE BALCON
LOGES DE BALCON
LOGES DE BALCON.
PARTERRE
ORCHESTRE
STALLES D'ORCHESTRE
FAUTEUILS D'ORCHESTRE
FOLIES NOUVELLES

THÉATRE DES BOUFFES PARISIENS

PASSAGE CHOISEUL ET RUE MONSIGNY

TARIF DU PRIX DES PLACES

AU JOUR ET EN LOCATION

	Au Bureau	En Location
	fr. c.	fr. c.
Avant-Scènes du Théâtre.		
Avant-Scènes du Rez-de-Chaussée. . . .	5 »	6 »
Avant-Scènes de la première Galerie. . .		
Premières Loges de face.		
Premières Loges de côté.	4 »	5 »
Fauteuils de la première Galerie. . . .	4 »	4 50
Fauteuils d'Orchestre.		
Avant-Scènes de la deuxième Galerie . .	3 »	4 »
Loges de la deuxième Galerie.	2 50	3 50
Stalles d'Orchestre.	2 »	2 50
Stalles de la deuxième Galerie		
Parterre.	1 50	» »
Deuxième Galerie.	1 »	» »

700 PLACES

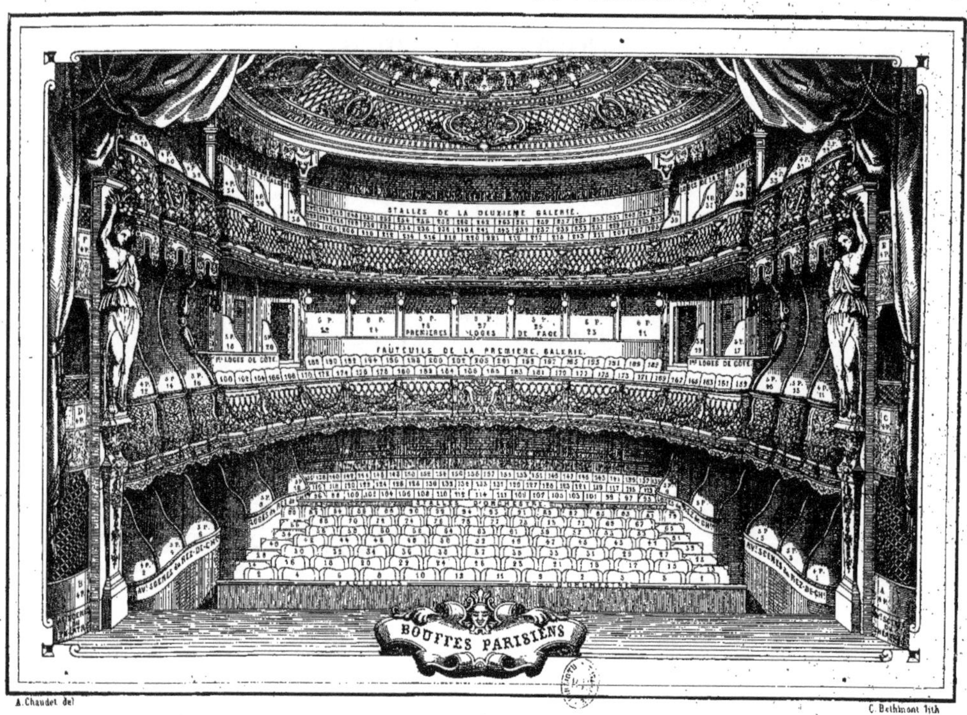

A. Chaudet del.   C. Bethmont lith.

THÉATRE BEAUMARCHAIS

BOULEVARD BEAUMARCHAIS, 25

TARIF DÚ PRIX DES PLACES

AU JOUR ET EN LOCATION

	Au Bureau		En Location	
PREMIER BUREAU.	fr.	c.	fr.	c.
Avant-Scène du Rez-de-Chaussée et des Premières.	3	»	4	»
Loges grillées.				
Fauteuils de la première Galerie. . . .	2	»	2	50
Fauteuils d'Orchestre.				
Stalles des Premières de face.				
Stalles d'Orchestre.	1	50	2	»
Stalles des Premières de côté.				
Avant-scène de la deuxième Galerie. . .	1	50	»	»
Orchestre.	1	»	»	»
DEUXIÈME BUREAU.				
Deuxième Galerie de face.	1	»	»	»
Parterre.	»	75	»	»
Balcon de Deuxième.				
Premier Amphithéâtre	»	50	»	»
Deuxième Amphithéâtre et Galerie . . .	»	30	»	»

900 PLACES

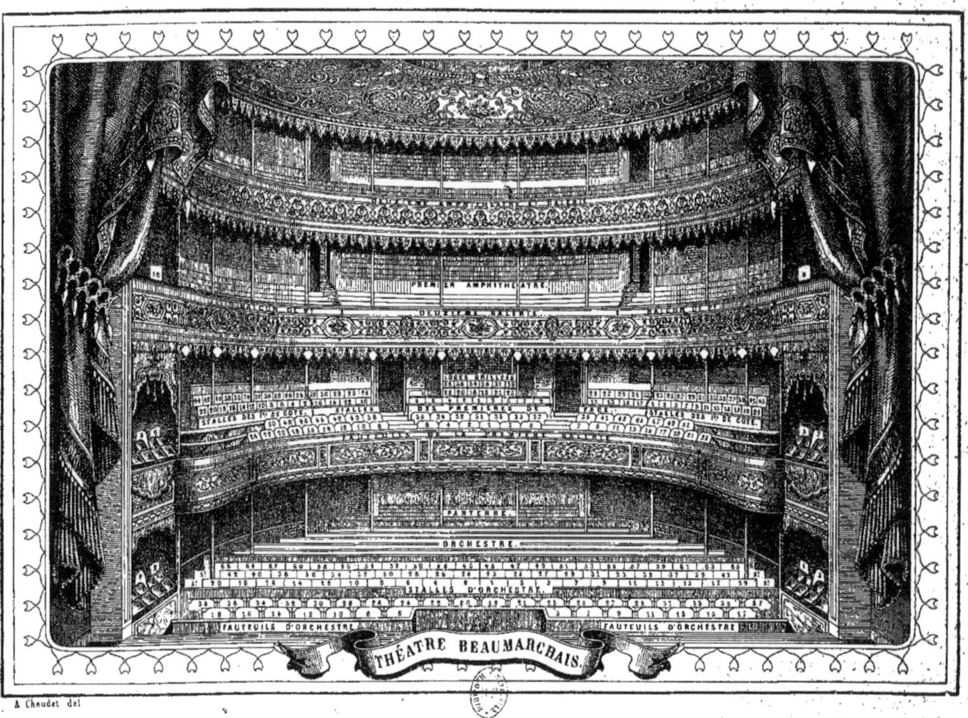
THÉATRE BEAUMARCHAIS.
A. Chaudet del

NOTICES HISTORIQUES

SUR

LES THÉATRES DE PARIS

→ 1857 ←

THÉATRE DE L'OPÉRA

Ce spectacle, qui s'appela jusqu'à ces dernières années *Académie royale de musique*, eut lieu d'abord dans la salle que Richelieu avait fait bâtir à l'aile gauche du Palais-Royal (du côté de la place). Détruite en 1763 par un incendie, cette salle fut reconstruite un peu plus à gauche sur l'emplacement occupé actuellement par la rue de Valois et par la maison qui en fait l'angle opposé au Palais-Royal. Cette seconde salle ayant été brûlée à son tour le 8 juin 1781, l'Opéra fut transporté provisoirement au théâtre de la Porte-Saint-Martin, que Lenoir venait de bâtir en soixante-quinze jours, et il y resta jusqu'en 1794. A cette époque le gouvernement ayant acheté le *Théâtre des Arts*, bâti par Mme Montansier sur l'emplacement actuel de la place Louvois, rue Richelieu, y installa définitivement notre première scène lyrique. Mais l'assassinat du duc de Berry (13 février 1820) fit décider la démolition de cette salle. L'Opéra joua quelque temps au théâtre Louvois qui s'élevait dans la rue de ce nom au n° 8, puis à la salle Favart, jusqu'à ce que le nouvel édifice, que l'on construisait rue Lepelletier, fût terminé. C'est cette salle, bâtie à titre *provisoire* qui sert depuis trente-sept ans aux représentations de l'opéra français. Elle fut inaugurée le 19 août 1821.

L'architecte chargé de cette construction, M. Debret, avait à sa disposition un emplacement assez considérable : l'ancien hôtel Choiseul avec ses jardins, en tout plus de 6,200 mètres carrés. Le théâtre de *la Scala* de Milan n'occupe qu'une superficie de 4,000 mètres. Mais, eu égard à la limite de temps et d'argent, il faut avouer que l'architecte a fait preuve de talent. L'hôtel de Choiseul fut conservé presque en entier pour les dépendances de l'Opéra (du côté de la rue Drouot). La salle proprement dite fut élevée sur le terrain des jardins, et la façade sur la rue Lepelletier. On obligea l'architecte à utiliser les matériaux provenant de la démolition du Théâtre des Arts, entre autres les colonnes des avant-scènes, les architraves, l'entablement, les devants des galeries et des loges : de sorte que l'intérieur de la salle n'est que la reproduction, à peu près exacte, du théâtre bâti par Louis, sauf le diamètre un peu plus grand de la nouvelle construction.

Depuis 1854 l'Opéra est administré au compte de la liste civile avec une subvention de l'État s'élevant à 800,000 fr. Le budget actuel est d'environ 2 millions. La salle et les dépendances appartiennent à l'État.

Voici les principales mesures de cette salle qui est la plus belle, la plus vaste et partant la plus sonore de Paris :

Longueur totale de la rue Lepelletier à la rue Drouot.	120^m
Largeur totale de la rue Rossini à la cour des passages.	49 »
Longueur de la salle dans œuvre	23 »
Largeur id.	24 50
Longueur de la scène.	29 50
Largeur id. dans œuvre.	33 »
Id. à l'avant-scène.	13 »
Hauteur intérieure de la salle.	20 »

THÉATRE FRANÇAIS

La Comédie-Française, de même que l'Opéra, a changé bien de fois de théâtre. Lorsqu'en 1673 Louis XIV réunit la troupe de Molière et celle du Marais, pour n'en former qu'une sous le nom de *Troupe du Roi*, il donna à Lully la salle du Palais-Royal, qui avait été occupée par Molière depuis 1660 jusqu'à sa mort, et plaça les comédiens à l'hôtel Guénégaud, ou plutôt au jeu de paume dépendant de cet hôtel et situé rue Mazarine, sur l'emplacement occupé aujourd'hui par un obscur passage qui aboutit à la rue de Seine. Mais, sur les pressantes requêtes du recteur du collége des Quatre-Nations, qui trouvait le voisinage de la comédie dangereux pour les élèves, le roi ordonna aux comédiens de choisir un autre emplacement. C'est alors qu'ils achetèrent le jeu de paume dé l'Étoile, rue des Fossés-Saint-Germain-des-Prés, où ils bâtirent, sur les dessins de d'Orbay, une salle qui passa pour une merveille et qui subsista de 1689 jusqu'en 1770. A cette époque la salle menaçant ruine, les comédiens du roi obtinrent la jouissance provisoire de la salle des Tuileries où ils jouèrent jusqu'en 1782. C'est là qu'eut lieu, le 30 mars 1778, le couronnement du buste de Voltaire. Déjà l'on bâtissait la nouvelle salle qui s'appela depuis l'*Odéon*, et qui occupa l'emplacement de l'ancien hôtel de Condé. Enfin, par suite du premier incendie de ce théâtre (1799), les comédiens français furent mis en possession de la salle bâtie par Louis, rue de Richelieu, qu'ils n'ont pas quittée depuis.

Cette salle, dont la construction fut entreprise par le duc d'Orléans en 1787 et terminée en 1790, était d'abord destinée au spectacle dit des *Variétés amusantes*, qu'un ancien comédien, nommé Lécluse, avait créé rue de Bondy. Sa première décoration intérieure, due comme nous l'avons dit à l'architecte Louis, consistait en cinq rangs de balcons circulaires, soutenus par des colonnes d'ordre corinthien; mais,

en 1799, lors de la réunion des deux troupes françaises sous le nom de *Théâtre de la République*, M. Moreau, chargé de la restauration de ce théâtre, réduisit de quelques pieds l'étendue de la salle, et y créa quatre rangs de loges, outre les baignoires, soutenus par de fortes colonnes ioniques de quatre mètres de hauteur, qui donnaient à la salle un aspect régulier dans le style antique assez conforme au goût du temps. En 1822, une nouvelle restauration fut entreprise par M. Fontaine, qui remplaça les grosses colonnes de Moreau, dont on avait reconnu les inconvénients, par de petites colonnes composées très-minces, de manière à ne pas gêner les spectateurs. Cette ordonnance subsiste encore aujourd'hui, sauf l'avant-scène entièrement refaite dans un style plus riche, par M. Chabrol.

La subvention de la Comédie-Française est de 340,000 francs.

Voici les principales mesures de cette salle, qui est sans contredit une des plus belles de Paris.

Longueur totale de l'édifice, de la rue de Richelieu à la cour du Palais-Royal	54ᵐ »
Largeur totale, de la rue Montpensier au mur mitoyen du côté de la maison de l'administration	35 »
Longueur de la salle dans œuvre	17 »
Largeur id. prise du fond des loges	24 50
Longueur de la scéne	24 »
Largeur id. intérieure	24 50
Largeur id. à l'avant-scène	12 »
Hauteur intérieure du parterre à la voûte	16 50

THÉATRE ITALIEN

De même que les autres anciens spectacles, l'Opéra-Italien a eu ses migrations d'une salle à l'autre avant d'être installé où nous le voyons aujourd'hui. Sans remonter plus haut que le commencement de ce siècle, nous l'avons vu, depuis sa réapparition en 1801, d'abord au Théâtre-Olympique, rue de la Victoire, ensuite à l'Odéon, puis à Louvois, puis à la salle Favart, d'où l'incendie le chassa le 14 janvier 1838. A cette époque l'Odéon lui donna de nouveau un asile momentané jusqu'à ce qu'enfin, en 1841, la troupe italienne, sous la direction de M. Dormoy, prit possession de la salle Ventadour, qu'elle n'a plus quitté.

Cet édifice, le plus solide et le plus élégant qu'on ait jamais vu en ce genre à Paris, fut bâti en 1827 aux frais de la liste civile de Charles X, sur l'emplacement de l'ancien hôtel des finances, afin d'y installer l'Opéra-Comique, dont le théâtre, rue Feydeau, venait d'être démoli par suite du percement de la rue de la Bourse. Il coûta cinq millions. M. Boursault, ancien conventionnel, ancien fermier des jeux, le racheta en 1830 moyennant 3,100,000 francs, somme qu'il répartit en 310 actions de 10,000 francs chacune. Plus tard, 11 actions ayant été détruites, la propriété resta représentée par 299 actions qui subsistent encore aujourd'hui, et dont le prix, tombé bien bas pendant la longue fermeture de ce théâtre, se releva depuis grâce à l'intelligente administration de son gérant actuel, M. de Saint-Salvi, qui depuis dix-sept ans a su tenir le théâtre constamment occupé et dans un état d'entretien parfait.

Les entreprises qui ont précédé, dans cette salle, l'Opéra italien, n'ont pas été heureuses. Ce fut d'abord l'Opéra Comique pour lequel le théâtre avait été construit, et qui le quitta pour s'installer, en 1832, place de la Bourse; vint ensuite une tentative d'un spectacle nouveau qu'on nomma *Théâtre Nautique*, et qui n'eut aucun succès. Après plusieurs années de fermeture, les actionnaires confièrent cette salle à M. Anténor Joly, qui venait d'obtenir un privilége embrassant tous les genres, sous le titre de Théâtre de la Renaissance (1838); mais cette entreprise ne réussit pas davantage, et la salle ferma de nouveau, jusqu'à ce qu'elle trouvât en M. Dormoy un directeur disposé à en entreprendre la restauration pour y installer l'Opéra italien, qui, à la suite de l'incendie du théâtre Favart, avait été se réfugier provisoirement à l'Odéon. Dans cette restauration, M. Dormoy dépensa 300,000 fr. Les colonnes qui soutenaient les galeries et gênaient la vue des spectateurs, furent remplacées par des cariatides et des consoles ornementées, d'un très-bon goût. Les balcons isolés entre les colonnes devinrent des galeries ou loges découvertes d'un dessin élégant; les cinquièmes loges furent supprimées, et l'avant-scène reçut la belle décoration que nous lui voyons aujourd'hui. Telle qu'elle est, la salle Ventadour est la plus élégante qu'il y ait en France, et nous ajouterons la mieux emménagée qu'il y ait à Paris, celle du moins où le public se trouve le plus à son aise; toutefois elle ne manque pas de certains défauts qui tiennent au système général des salles de spectacle construites à la française, et qui sont contraires aux principes de la perspective et de l'acoustique.

Tous les murs et les escaliers de ce théâtre sont en pierre de taille; les combles et les planchers en fer; enfin un système complet de réservoirs et de pompes, et un rideau en fer séparant complètement la scène de la salle, offrent ici plus de garanties contre l'incendie qu'en aucun autre théâtre de la capitale.

L'Opéra italien qui, à la vérité, a été de tout temps le spectacle le plus goûté du public, celui qui a offert le plus de bénéfices ou le moins de pertes, a eu à la salle Ventadour, de 1841 à 1848, une brillante période, tant au point de vue de l'art que de la spéculation; et un quatuor admirable de grands artistes (madame Grisi, Tamburini, Mario, Lablache) a suffi presque seul à attirer la société élégante et à faire la fortune du directeur, M. Vatel. Depuis 1848, les entreprises qui se sont succédé ont naturellement subi le contre-coup de la situation politique et financière du pays. Cependant l'administration Ronconi a été fort brillante, et depuis 1852, grâce au répertoire de Rossini, de Mozart, de Verdi, interprété par les meilleurs artistes de l'Europe (mademoiselle Cruvelli, mesdames Bosio, Alboni, Borghi-Mamo, Frezzolini, MM. Bettini, Gardoni, Tamburini, Calzolari, Belletti, Beaucardé, etc., etc.), grâce aussi à deux grands tragédiens, madame Ristori et Salvini, la vogue est revenue à ce théâtre, dont la prospérité semble désormais assurée malgré l'insuffisance de sa subvention, qui égale à peine le loyer de la salle (100,000 fr.)

Nous devons citer aussi parmi les notabilités de ce théâtre le peintre Robecchi, dont les décorations ont souvent soulevé des applaudissements dans la salle.

Le directeur actuel est M. Toribio Calzado, activement secondé par son jeune fils, M. Adolphe Calzado.

Voici enfin les proportions de cette belle construction, qui a fait le plus grand honneur à son architecte, M. Huvé, et qui mériterait des abords plus en harmonie avec sa destination et son style monumental:

Longueur totale de l'édifice.	54 75
Largeur idem	34 50
Longueur de la salle, dans œuvre.	15 50
Largeur idem prise du fond des loges.	20 35
Longueur de la scène.	16 50
Largeur intérieure à la scène.	22 »
Largeur de l'avant-scène.	12 »
Hauteur de la salle, du parterre à la voûte.	47 »

THÉATRE DE L'ODÉON

Lorsque les comédiens français durent abandonner leur ancienne salle de la rue Saint-Germain-des-Prés, plusieurs projets furent mis en avant pour la construction d'une salle définitive digne de la première scène dramatique de la France. On s'arrêta à celui de Wailly et Peyre, architectes de Monsieur (Louis XVIII), et ce prince en posa lui-même la première pierre en 1779, sur l'emplacement de l'ancien hôtel de Condé. Le nouveau théâtre fut ouvert le 9 avril 1784. Il ferma en 1793, et rouvrit ses portes l'année suivante avec une partie seulement de l'ancienne troupe royale. Le théâtre, à cette occasion, fut entièrement restauré et reçut, on ne sait trop pourquoi, le nom d'*Odéon*, qui semblerait désigner un édifice consacré à la musique. En mars 1799, un incendie le détruisit presque entièrement, ne laissant subsister que le foyer et les gros murs. Rebâti en 1807 par l'architecte Chalgrin, ce théâtre rouvrit le 15 juin 1808, sous le titre de Théâtre de l'Impératrice pour donner alternativement des représentations de comédie française et d'opéra italien. La direction des deux troupes était confiée à Picard.

L'édifice est aujourd'hui parfaitement isolé : mais, lors de sa construction primitive, la façade intérieure était appuyée, des deux côtés, de deux grandes voûtes formant terrasse, et sous lesquelles on descendait de voiture. Ces deux terrasses ont été supprimées, ainsi qu'un passage souterrain qui servait au prince pour se rendre de ses appartements du Luxembourg à sa loge.

L'Odéon étant encore devenu la proie des flammes au mois de mars 1818, fut reconstruit la même année sous la direction de M. Baraguay, architecte de la chambre des Pairs, dans le domaine de laquelle l'Odéon se trouvait compris comme dépendance du Luxembourg.

Ce fut à cette époque que l'architecte introduisit dans l'ordonnance intérieure de la salle une grande loge de face destinée au roi, à l'instar des grands théâtres d'Italie. Quatre cariatides colossales, portées par deux stylobates, soutenaient un entablement sur lequel se détachaient les armes de France. Un balcon un peu plus haut que la première galerie complétait la loge du souverain, lorsque celui-ci assistait au spectacle. En l'absence du souverain, ce balcon était enlevé, et le public prenait place sur la galerie, en avant des cariatides. Après 1830, cette loge royale a été supprimée. C'est à l'Odéon qu'on appliqua pour la première fois, à l'éclairage de la salle et du théâtre, les lampes dites *quinquets*. C'est également aux abords de l'Odéon, sur la place et dans la rue qui fait face au théâtre, que furent établis, en 1782, les premiers trottoirs qu'on ait vus à Paris.

Aujourd'hui, l'Odéon, occupé par ce qu'on appelle le *Second Théâtre Français*, est dirigé par un directeur-entrepreneur nommé par le ministre, avec une subvention de 100,000 fr., et la jouissance gratuite de la salle qui appartient à l'État. Nous ajouterons, comme pour les autres théâtres, les principales mesures de ce bel édifice.

Longueur totale du rectangle, y compris le portique qui l'entoure.	59	50
Largeur totale idem idem.	36	50
Longueur de la salle dans œuvre.	18	50
Largeur idem	19	»
Longueur de la scène.	17	»
Largeur idem à l'intérieur.	24	»
Largeur à l'avant-scène.	12	»
Hauteur de la salle à l'intérieur.	18	50

THÉATRE DE L'OPÉRA-COMIQUE

Ce théâtre fut bâti en 1782, sur l'emplacement d'un hôtel du duc de Choiseul et sur les dessins de l'architecte Heurtier. Il servit d'abord à la troupe Favart, laquelle se composait de l'ancien Opéra-Comique (théâtre de la foire), et de la Comédie italienne, réunis, et qui venaient de quitter l'ancien théâtre de la rue Mauconseil. Ces artistes, ne voulant pas être confondus avec les troupes du boulevard, qui étaient alors considérées comme étant de second ordre, enjoignirent à leur architecte de bâtir la façade du côté de la ville, sur la petite place qui s'appela, depuis cette époque, *Place des Italiens* ; et des maisons particulières furent élevées entre le boulevard et le théâtre. A part ces maisons, l'édifice est isolé de tous côtés, et sa façade, d'une belle ordonnance, présente un péristyle d'ordre ionique composé de huit colonnes, dont six sur la première ligne et deux en retour, et engagées dans le mur de façade. Ces colonnes soutiennent un entablement couronné par un acrotère lisse. Le vestibule, les grands escaliers et le foyer sont également remarquables.

D'après les plans primitifs que nous avons sous les yeux, l'intérieur de la salle avait la forme elliptique allongée, encore en usage à l'époque de sa construction, et dont les inconvénients ont donné naissance plus tard à un excès contraire, la forme semi-circulaire, si nuisible à la sonorité d'une salle. Elle se composait de trois rangs de loges couronnés par une corniche, au-dessus de laquelle la voussure du plafond prenait naissance. La salle devait être sonore dans ces conditions ; mais, dès 1784, l'architecte de Wailly remplaça la corniche par un quatrième rang de loges, et pratiqua un vaste amphithéâtre de dix rangs de banquettes, qui a toujours été conservé. En 1797, l'architecte Bienaimé changea encore une fois la distribution des loges, et supprima celles de l'avant-scène qui furent remplacées par un revêtement en marbre orné de bustes. Cette sage réforme fut bien reçue des artistes et a obtenu les éloges de tous les architectes qui en ont parlé. Mais l'esprit de spéculation a reconstruit, depuis, les avant-scènes comme dans les autres théâtres.

En 1801, la troupe de l'Opéra-Comique s'étant réunie à celle de Feydeau, le théâtre Favart resta vacant jusqu'à ce qu'il fût occupé par l'Opéra italien, qui l'ouvrit le 17 janvier 1802 par *Il Matrimonio secreto*, de Cimarosa. Il servit plus tard de refuge provisoire aux artistes de l'Odéon incendié, et en 1820 et 1821, à l'Opéra. Enfin, le 12 novembre 1825, les Italiens reprenaient possession de leur ancien théâtre richement restauré par MM. Hittorf et Lecointe, et y restaient jusqu'au 14 janvier 1838, où un violent incendie détruisit la salle de fond en comble, sans épargner les archives de la direction ni la bibliothèque de Klaproth, qu'on y avait déposée peu de temps auparavant. Le directeur, Severini, y trouva la mort en voulant sauver les papiers de l'administration.

Reconstruit en 1840, par les soins de l'habile directeur de l'Opéra-Comique,

M. Crosnier, sur les dessins de M. Carpentier, le théâtre rouvrit ses portes le 16 mai 1840 par le *Pré aux Clercs*, et depuis lors l'Opéra-Comique y a toujours prospéré.

La décoration actuelle de la salle date de 1853; elle fait honneur au goût exquis de son directeur, M. Perrin, qui est en même temps un habile impresario et un peintre distingué.

L'Opéra-Comique paie un loyer de 110,000 fr. Il reçoit de l'État une subvention de 240,000 francs. Nous terminerons par le tableau des principales mesures de l'édifice pour servir de comparaison avec celle des autres théâtres :

Longueur totale du théâtre depuis la place jusqu'au mur mitoyen avec les maisons du boulevard	50ᵐ »
Largeur totale extérieure	31 »
Longueur de la salle dans œuvre	16 75
Largeur prise du fond des loges	19 25
Longueur de la scène	19 »
Largeur id. à l'intérieur	18 »
Id. à l'avant-scène	11 50
Hauteur, du parterre à la voûte	16 75

THÉATRE DU GYMNASE-DRAMATIQUE

Le *Gymnase-Dramatique*, destiné d'abord, comme l'indique son nom, à exercer les jeunes artistes, a été bâti en 1820 sur l'emplacement des jardins du café Vaspard, qui eut dans son temps la vogue acquise depuis au jardin Turc. L'édifice forme un trapézoïde dont nous donnons plus bas les proportions, et n'est séparé des maisons voisines que par des couloirs de deux mètres de large. La façade, sur le boulevard *Bonne-Nouvelle*, présente deux ordres de portiques, l'un ionique, l'autre corinthien, de six colonnes engagées, terminées par des pilastres, au-dessus desquels règne un attique donnant au style général un caractère assez pur. Mais l'œuvre des architectes (MM. Rougevin et Guerchy) est masquée par l'ignoble *marquise* en tôle qui dégrade aussi la façade de plusieurs autres théâtres de la capitale, tels que l'Opéra, la Porte-Saint-Martin, etc.

Sous la Restauration (1824), le Gymnase prit le titre de *Théâtre de Madame*. Depuis 1830 il a repris son ancien nom, et d'habiles directeurs en ont fait, par le choix des artistes et le bon goût du répertoire, le premier de nos théâtres non subventionnés. Depuis 1844 la direction en est confiée à M. de Montigny, qui a refait la décoration de l'intérieur de la salle, notamment celle des avant-scènes qui, dans l'origine, étaient formées de trois loges en saillie sans autre ornementation qu'un peu de dorure. Mesures principales :

Longueur totale de l'édifice	40ᵐ »
Largeur totale	20 »
Longueur de la salle dans œuvre	14 »
Largeur id. prise du fond des loges	16 »
Longueur de la scène	12 50
Largeur id.	16 50
Id. à l'avant-scène	9 »
Hauteur de la salle, du parterre à la voûte	14 50

THÉATRE LYRIQUE

Cette salle, élevée en 1846 sur l'emplacement de l'ancien hôtel Foulon, et d'après les dessins de MM. de Dreux et Séchan, diffère de toutes les autres salles de Paris en ce que son plan présente, au lieu de l'éternel demi-cercle, une ellipse ayant son grand diamètre parallèle à l'avant-scène qui en est la tangente. Cette forme, jusqu'alors inusitée à Paris, recommandée par les meilleurs architectes, Palladio en tête, et proposée dès 1765 par Cochin dans un projet de salle fort original que nous avons sous les yeux, est en effet très-favorable pour le drame, mais ne saurait convenir aux représentations lyriques comme tout à fait contraire aux lois de l'acoustique. La décoration intérieure, celle des avant-scènes et surtout la façade sur le boulevard du Temple, font le plus grand honneur aux architectes, et témoignent du bon goût d'Alexandre Dumas qui les choisit et qui en approuva les plans. C'est en effet à notre grand dramaturge que le duc de Montpensier fit octroyer le privilége d'un *Théâtre-Historique* où devaient être représentés, comme l'indiquait son nom, les drames à sujets historiques, genre créé, on peut le dire, par Dumas et Victor Hugo. L'ouverture s'en fit le 20 février 1847 par la première représentation de la *Reine Margot*, et Paris gardera longtemps le souvenir de cette brillante solennité.

littéraire ; mais les plus belles conceptions ne sont pas toujours accueillies de prime abord par la foule, et le Théâtre-Historique n'eut pas la durée que semblaient lui promettre les efforts du fondateur, son magnifique répertoire et le talent des artistes que Dumas avait su choisir. M. Séveste, qui avait obtenu le privilége d'un *Opéra national*, prit possession de cette salle le 27 septembre 1851. Le directeur actuel, M. Carvalho, y fait, dit-on, sa fortune en ne donnant pas d'*opéras nationaux*, auxquels il préfère la musique de Weber ; mais ce théâtre se trouvant sur le tracé du boulevard qui doit se prolonger jusqu'à la barrière du Trône, sera dit-on démoli l'année prochaine, sans égard pour son péristyle et sa façade, un des plus beaux morceaux d'architecture que nous ayons à Paris.

Voici les principales mesures de tout l'édifice :

Longueur totale dans l'axe réel, perpendiculaire à celui du vestibule	45ᵐ »
Largeur totale	34 »
Longueur de la salle dans œuvre non compris les amphithéâtres.	13 50
Largeur id. prise du fond des loges.	19 »
Longueur de la scène	15 »
Largeur id. à l'intérieur	25 »
Id. à l'avant-scène	14 50
Hauteur de la salle à l'intérieur.	16 50

THÉÂTRE DE LA PORTE-SAINT-MARTIN

Ainsi que nous l'avons dit en parlant de l'Opéra, le théâtre de la Porte-Saint-Martin doit son existence à l'incendie qui détruisit en 1784 la salle du Palais-Royal. L'architecte Lenoir s'engagea, par un dédit de 24,000 fr., à le bâtir sur l'emplacement d'un magasin de la ville, dans l'espace de soixante-quinze jours et il en vint à bout. On craignit d'abord que cet édifice manquât de solidité, mais l'affluence prodigieuse qu'il y eut à son inauguration (23 octobre 1781) prouva suffisamment le contraire. En 1782, le même architecte fit subir quelques changements à la salle et l'agrandit de près d'un tiers aux dépens de la scène. Enfin, au mois d'août 1794, l'Opéra la quitta pour aller prendre possession du Théâtre des Arts, rue de Richelieu, et la Porte-Saint-Martin resta fermée jusqu'en 1802. M. Gobert, après y avoir fait de grandes réparations, rouvrit ce théâtre le 27 septembre pour y faire jouer le mélodrame, la comédie et les ballets pantomimes. A Gobert succéda Dubois qui exploita ce genre moins les pantomimes jusqu'en 1807 ; mais le fameux décret qui réduisit à huit le nombre des théâtres de Paris, atteignit aussi celui de la Porte-Saint-Martin. Plus tard un directeur adroit sut obtenir, malgré le décret impérial, l'autorisation d'y monter un spectacle d'un nouveau genre qu'on appela les *Jeux gymniques*, et qui se composait en grande partie de pantomimes militaires ; il ouvrit le 1ᵉʳ janvier 1810 pour fermer l'année suivante. En 1813, les acteurs du théâtre de Hessé-Cassel, qui à leur retour avaient été pillés par les Cosaques, disaient-ils, obtinrent l'autorisation de donner des représentations au théâtre de la Porte-Saint-Martin. Mais un changement de ministère priva les acteurs westphaliens de leur privilége. Enfin, le 26 décembre 1814, ce théâtre, accordé à M. Saint-Romain, reprit le cours de ses représentations qui ont continué jusqu'à ce jour sauf de courtes interruptions. Victor Hugo et Alexandre Dumas y ont fait représenter leurs chefs-d'œuvre. Depuis 1851 la direction est aux mains de M. Marc Fournier.

Dans l'origine, la salle offrait, au plan des premières loges, la forme d'une cloche, recommandée à tort par les Bibbiena, et encore visible dans plusieurs vieux théâtres. Mais en 1802 eut lieu une première restauration pour laquelle on adopta la forme circulaire tout aussi peu avantageuse, et l'on construisit cinq balcons pareils soutenus par de petits piliers en bois placés à égale distance ; le devant de ces balcons, ainsi que le plafond, avaient été peints par M. Persico, italien. Une seconde restauration eut lieu en 1814 pour l'exploitation du privilége de M. Saint-Romain. Ce fut M. Debret qui s'en chargea, et tout en conservant la forme circulaire, il changea la disposition des galeries qu'il réduisit à quatre, en retraite les unes des autres d'une demi-largeur, et venant par des courbes différentes se raccorder à l'avant-scène.

Les restaurations successives ont peu changé cette disposition, et n'ont eu pour objet que d'améliorer et d'enrichir l'ornementation générale.

La salle de la Porte-Saint-Martin est la plus ancienne qui subsiste à Paris. Voici ses proportions :

Largeur totale de l'édifice.	47ᵐ »
Largeur, non compris la maison contigue.	30 »
Longueur de la salle dans œuvre.	15, »
Largeur id. au nu des 1ʳᵉˢ loges	18 »
Longueur de la scène.	21 50
Largeur id. intérieurement.	29 »
Id. id. à l'avant-scène	11 25
Hauteur intérieure de la salle	15 »

THÉATRE DU VAUDEVILLE

Le genre que nous appelons *vaudeville* est né de la comédie italienne, de la comédie à *ariettes*, comme on disait alors, farce mêlée de chant sur des airs connus ou écrits exprès. Ce genre se perpétua aux théâtres des foires; seulement ce qui était *ariette* chez les Italiens devint *couplet* chez les Français qui préfèrent le mot pour rire à la plus belle musique du monde. Piis et Barré, abandonnant la farce grossière de la foire, créèrent véritablement le vaudeville moderne et profitèrent de la liberté naissante pour élever un théâtre consacré au genre qu'ils avaient adopté. Ce fut en 1790 que Lenoir du Romain métamorphosa le Wauxhall, qu'il avait bâti en 1784 au coin de la rue de Chartres et qu'on appelait le *Panthéon*, pour en faire le théâtre du Vaudeville. La nouvelle salle ouvrit ses portes le 12 janvier 1792, et après avoir fourni une brillante carrière elle fut dévorée par un incendie le 18 juillet 1838. Étienne Arago, alors directeur, pour prévenir le démembrement de sa troupe, chercha une salle à tout prix, et dut se contenter de celle du café-spectacle, boulevard Bonne-Nouvelle, démolie depuis. De là le Vaudeville vint s'installer à la salle de la place de la Bourse, où nous le voyons encore.

Cette salle a été bâtie en 1827 sur l'emplacement des maisons qui bordaient un ancien passage conduisant de la rue des Filles-Saint-Thomas au théâtre Feydeau, aujourd'hui démoli. Les plans et la direction des travaux furent confiés à M. Debret, architecte de l'Opéra, qui sut tirer tout le parti possible de l'emplacement restreint et irrégulier qu'il avait à sa disposition. En effet, le plan présente une singularité qu'on n'avait encore rencontrée à aucun autre théâtre et qui s'est reproduite depuis au Théâtre-historique : c'est que l'entrée principale et cette partie de l'édifice qui renferme ordinairement le vestibule, le foyer et les bureaux ne se trouve pas dans l'axe du théâtre et de la salle, mais se retourne presque d'équerre sur celle-ci : ce qui fait que les spectateurs entrent tous par une extrémité, qui est en même temps l'unique sortie. Ce vice fondamental n'est pas le seul que l'on remarque sur le plan de cet édifice : car contrairement aux sages ordonnances de police, il est entièrement entouré de maisons, sauf un petit couloir d'un mètre de largeur qui ne peut être d'aucune utilité en cas d'incendie.

La façade est d'un bon style : un ordre ionique et un ordre corinthien composés chacun de cinq entre-colonnements; mais, comme celle de la plupart de nos théâtres, elle est dégradée par l'ignoble auvent dit *marquise*, qui détruit tout l'effet de l'architecture.

Cette salle, inaugurée le 1er mars 1827 par le spectacle dit des *Nouveautés*, dont M. Bérard avait obtenu le privilège, fut fermée au commencement de 1832. Au mois de décembre de la même année, l'Opéra-Comique, qui avait déserté la salle Ventadour, vint s'y installer et y resta jusqu'en mai 1840, où il céda la place au artistes du Vaudeville qui y sont toujours restés depuis. La disposition intérieure de la salle n'a guère changé depuis sa restauration en 1832, si ce n'est sous le rapport de l'ornementation, moins pauvre aujourd'hui qu'elle n'était dans l'origine.

Les changements de direction se sont répétés à de très courts intervalles, à ce théâtre, même dans ces dernières années, malgré le succès exceptionnel de la *Dame aux camélias* et d'autres pièces remarquables. Les directeurs actuels sont MM. de Beaufort et Goudchaux.

Mesures principales :

Longueur de l'édifice dans l'axe du théâtre.	40ᵐ »
Largeur id. sans le vestibule	23 »
Longueur de la salle dans œuvre.	15 »
Largeur id.	14 50
Longueur de la scène.	14 »
Largeur id. intérieurement	16 »
Id. à l'avant-scène.	9 50
Hauteur intérieure de la salle.	16 50

THÉATRE DES VARIÉTÉS

Plusieurs théâtres ont porté ce nom à Paris depuis 1791. Outre le spectacle de Lécluse, qui s'était installé à la salle de la rue de Richelieu, un autre théâtre des Variétés amusantes existait au boulevard du Temple bien avant la construction de la salle du boulevard Montmartre. Celle-ci fut élevée en 1807 en exécution d'un décret impérial qui expulsait le spectacle dit des *Variétés*, de la petite salle du Palais-Royal où mademoiselle de Montansier l'exploitait depuis 1789. La nouvelle salle, bâtie sur les dessins de Célérier, fut inaugurée le 24 juin 1807, et non-seulement elle est restée ouverte presque sans interruption jusqu'à ce jour, mais on peut dire que l'affluence y a toujours été considérable, grâce surtout aux excellents acteurs qui se sont succédés sur cette scène depuis Brunet jusqu'à mademoiselle Déjazet et Arnal.

Le théâtre des Variétés a cela de particulier, que le privilége est attaché à la propriété de l'immeuble ; cette propriété était dans l'origine divisée par cinquièmes, dont un cinquième à mademoiselle Montansier, et quatre cinquièmes répartis entre les artistes sociétaires. Ensuite elle s'est trouvée réunie entre les mains d'une seule personne qui louait à des directeurs-entrepreneurs. L'immeuble appartient depuis quelques années à M. Bowes, anglais ; la troupe est dirigée par MM. Cogniard frères.

La façade sur le boulevard Montmartre se trouve aujourd'hui écrasée par les maisons qui ont été construites depuis et qui sont beaucoup plus hautes qu'elle. L'architecte, gêné par la disposition du terrain, n'a pu lui donner qu'un développement de 9 mètres ; il l'a composée de deux ordres, ionique et dorique, l'un sur l'autre, couronnés d'un fronton et d'un amortissement. Le vestibule, qui prend toute la largeur de la façade, est des plus spacieux et rend le dégagement de la salle assez facile. La décoration intérieure se composait, sous l'Empire, d'un rangée de colonnes, portées par la première galerie, soutenant un deuxième rang de loges à la moitié de leur hauteur, et une troisième galerie au-dessus des chapiteaux. Le fond des loges simulait des rideaux verts. Depuis, la salle a été plusieurs fois restaurée, dernièrement encore en Juin 1851 et en juillet 1855.

Nous en donnons les proportions en comprenant le vestibule qui se trouve dans l'axe du théâtre, mais sans les dépendances situées sur les derrières du côté du passage des Panoramas où se trouve l'entrée des artistes.

Longueur totale.	57ᵐ »
Largeur id.	17 75
Longueur de la salle dans œuvre	15 »
Largeur à partir du fond des loges	14 »
Longueur de la scène	16 35
Largeur id.	16 35
Id. id. à l'avant-scène	9 35
Hauteur de la salle à l'intérieur.	11 »

THÉÂTRE DU PALAIS-ROYAL

Ce théâtre est le seul, à Paris, qui ne forme pas un édifice distinct ; il se trouve enfermé dans les bâtiments qui entourent le jardin du Palais-Royal, dont l'ordonnance, comme on sait, est uniforme. Il fut construit en 1783 pour amuser l'enfance du comté de Beaujolais, dont il prit le nom, et n'eut d'abord que de grosses marionnettes, spectacle introduit à Paris par un Italien, et encore en grand honneur aujourd'hui dans deux petits théâtres célèbres : Gianduja à Turin et Gérolamo à Milan. Aux marionnettes succédèrent des enfants jouant la pantomime pendant que des acteurs parlaient ou chantaient dans la coulisse : expédient inventé avec tant d'autres pour éviter les persécutions des théâtres privilégiés. En 1789, mademoiselle de Montansier, directrice des spectacles de Versailles et qui avait suivi la cour à Paris, acheta le petit théâtre Beaujolais à M. Lomel qui l'exploitait, et le fit restaurer par l'architecte Louis, qui avait une grande réputation en ce genre de construction ; mais cet architecte, malgré son talent incontestable, ne sut pas éviter les difficultés que présentait la forme rectangulaire et étroite du bâtiment et il créa des galeries divisées en trois parties, deux latérales et une de face. La scène fut agrandie autant que possible pour servir à la comédie, à la tragédie et même à l'Opéra. C'est sur ce théâtre que débuta en 1794 mademoiselle Mars.

En 1793 il s'appelle le *Théâtre de la Montagne* ; après le 9 thermidor il reprend son ancienne dénomination des *Variétés* ; mais plus tard celle de *Théâtre de la Montansier* a prévalu et lui est restée jusqu'à sa clôture. La vogue n'a pas quitté un instant ce théâtre pendant les dix-sept années qu'on le laissa vivre ; son foyer était le rendez-vous des étrangers et des femmes galantes et l'écho des nouvelles du jour. Mais un décret impérial força la troupe de la Montansier à déguerpir le 1ᵉʳ janvier 1807, et le théâtre fut converti en une salle de café. On exhaussa le parterre au niveau du foyer, et l'on conserva la scène où différents spectacle de curiosité, et même des scènes comiques ou lyriques, tolérés par l'autorité, attirèrent encore l'étrange population qui habitait ou hantait le Palais-Royal à cette époque. C'est dans ce café qu'à la suite des Cents jours les gardes-du-corps, qui revenaient de Gand, se vengèrent de leur fuite en sabrant et en brisant les tabourets et les glaces de l'établissement. L'esprit français les châtia par un couplet. Enfin, lorsqu'en 1830 le théâtre essaya à son tour de profiter de la liberté générale, M. Dormeuil, qui avait été acteur lui-même et régisseur du Gymnase, obtint l'autorisation de rétablir l'ancienne salle de spectacle ; et, le 6 juin 1831, il l'inaugura par une pièce de circonstance. Depuis cette époque, ce théâtre a constamment prospéré et a produit des artistes fort aimés du public, dont quelques-uns y restent encore. Il suffira de citer mademoiselle Déjazet, Levassor, Ravel, Sainville, Grassot, Hyacinthe, etc., etc.

Cette petite salle a été complètement refaite en 1853 sous l'intelligente direction de M. Benou, administrateur, lequel, par un emménagement coquet et commode, a résolu le problème qui avait tant embarrassé les architectes.

Le théâtre du Palais-Royal appartient à une société d'actionnaires.

Mesures principales :

Longueur totale du bâtiment. . . . . 37m »
Largeur   id.   id.   id.   . . . . 14 »

Longueur de la salle . . . . 13m »
Largeur   id. 9 50
Longueur de la scène. 13 50
Largeur   id.   . . . . 13 »
Largeur à l'avant-scène. 7 50
Hauteur à l'intérieur de la salle. . . . . 40 »

THÉATRE DE LA GAITÉ

Le théâtre de la Gaité est considéré comme le doyen des spectacles du boulevard. Il fut fondé en 1760, à la foire Saint-Germain, et se composait, dans l'origine, de danseurs de corde et de pantomimes. En 1770, les flammes ayant dévoré la salle de la foire, J.-B. Nicolet, fils de l'arlequin de ce théâtre, en fit construire une autre sur l'emplacement qu'elle occupe encore aujourd'hui, boulevard du Temple. En 1772, Nicolet étant allé jouer à Choisy, chez madame Du Barry, amusa beaucoup Louis XV qui permit à la petite troupe de prendre le titre de *Grands Danseurs du Roi*. Pendant la révolution, ce titre fut remplacé par celui de *Théâtre de la Gaîté*, et plus tard par celui de *Théâtre d'émulation* que lui donna Ribié, l'un des directeurs. Mais en 1799, le 16 avril, le théâtre, entièrement restauré sous la direction de M. Cosin Rosny, rouvrit ses portes en reprenant son ancien titre, qu'il n'a pas quitté depuis.

Tous les genres ont été joués sur ce théâtre, surtout le vaudeville qui justifiait son titre, mais qui a été depuis quelques années exclus au profit du mélodrame lugubre.

Lors de la suppression générale de tous les théâtres, à l'exception de huit, en 1807, Madame Nicolet, qui avait succédé à son mari, réussit à faire reconnaître ses droits et à conserver son privilége. Elle confia la direction du théâtre à son gendre, M. Bourguignon ; et la salle, entièrement reconstruite par M. Peyre, neveu, rouvrit le 3 novembre 1808 ; mais un incendie détruisit presque complétement l'œuvre de cet architecte, le 21 février 1835. Reconstruite en fer la même année par l'architecte Bourla, elle ouvrit de nouveau, le 19 novembre, sous la direction de M. Bernard Léon. C'est cette salle qui subsiste aujourd'hui.

La façade, à moitié masquée par l'auvent destiné à abriter les *queues*, se compose d'un soubassement surmonté, au premier étage, de cinq croisées cintrées ; le second étage, séparé du premier par une frise, est décoré de pilastres d'ordre ionique.

L'ordonnance intérieure est encore celle de 1835, plusieurs fois restaurée, notamment en 1849, sauf l'avant-scène qui, dans l'origine, était décorée de deux colonnes corinthiennes.

Le théâtre de la Gaité est très-habilement dirigé, depuis plusieurs années, par M. Hostein. Parmi les artistes nous citerons M. et madame Lacressonnière, Chilly, Francisque jeune.

La salle appartient encore à un héritier de Nicolet, M. Lami.

Principales mesures :

Longueur totale de l'édifice, prise au milieu. . . . . 40m »
Largeur, sans les annexes . . . . 20 »
Longueur de la salle dans œuvre . . . . 14 »
Largeur   id   id. 14 50
Longueur moyenne de la scène. . . . . 18 »
Largeur à l'intérieur. 18 »
Largeur à l'avant-scène 8 50
Hauteur intérieure de la salle . . . . 15 »

THÉATRE DE L'AMBIGU-COMIQUE

Ce spectacle a été fondé par le célèbre Audinot, ancien acteur de la Comédie italienne, qui l'avait d'abord placé à la foire Saint-Germain. Il consistait alors en marionettes parodiant les acteurs en vogue. En 1770, Audinot fit l'acquisition d'un terrain situé boulevard du Temple, et y fit bâtir, par l'architecte Célérier, une salle régulière dont la façade était assez élégante. Le même architecte refit cette salle en 1785, et l'exhaussa de beaucoup, en créant un fronton dans lequel une ouverture, en plein cintre, éclairait les combles. Il ajouta en même temps les deux corps de bâtiments latéraux qui se raccordaient avec la façade, et dans l'un desquels se trouvait le foyer.

Dès 1775, Audinot avait ajouté à son spectacle des pantomimes et plus tard des mélodrames, genre fort goûté au boulevard, et qui a fini par exclure tous les autres à l'Ambigu. Ce théâtre avait échappé aux rigueurs du décret de 1807, et la fortune lui souriait, lorsque dans la nuit du 13 au 14 juillet 1827, anniversaire de la mort d'Audinot, un violent incendie consuma entièrement l'édifice.

MM. Hittorff et Lecointe, architectes éminents qui ont tant contribué à l'embellissement de Paris, furent chargés de la reconstruction de ce théâtre. Mais, comme l'autorité exigeait, fort sagement, que la nouvelle salle fût isolée de tous côtés, l'ancien emplacement se trouva trop petit, l'administration l'abandonna au théâtre des *Folies-Dramatiques*, et transporta l'Ambigu sur le boulevard Saint-Martin, à l'angle de la rue de Bondy, sur l'emplacement de l'ancien hôtel Murinais.

Le nouveau terrain occupait une superficie de 1,240 mètres carrés; mais sa forme irrégulière et la différence de niveau entre le boulevard et la rue de Bondy offraient des difficultés dont les architectes surent triompher. L'Ambigu est aujourd'hui un des plus beaux théâtres de Paris. Sa façade principale, placée en équerre de la ligne du boulevard, est composée de trois portiques d'ordre différent, contenus chacun par six colonnes formant au rez-de-chaussée un porche exhaussé de trois marches. La décoration intérieure est à peu près la même que dans l'origine.

La construction de cette salle a coûté 1,350,000 francs, non compris l'achat du terrain.

Elle a été ouverte au public le 8 juin 1828.

Le directeur actuel est M. Denoyers.

Voici les mesures principales de ce bel édifice :

Longueur totale extérieure	40=50
Largeur moyenne id	29 »
Longueur de la salle dans œuvre . . . . . \ . . .	15 »
Largeur id. id.	15 »
Longueur de la scène. . . . . • . . .	15 50
Largeur id. à l'intérieur.	17 »
Largeur à l'avant-scène	9 »
Hauteur de la salle à l'intérieur.	14 »

THÉATRE IMPÉRIAL DU CIRQUE

Ce théâtre doit son origine aux représentations équestres importées en France en 1780, par Astley, le même qui a fondé le théâtre olympique de Londres. Son Cirque à Paris était situé au faubourg du Temple. Mais Franconi qui lui succéda transporta son spectacle dans l'ancien jardin des Capucines, à peu près sur l'emplacement occupé aujourd'hui par la caserne des pompiers, rue de la Paix. A la fin de décembre 1807, Franconi père et fils quittèrent aussi ce local, et s'établirent dans le nouveau Cirque qui venait d'être bâti pour eux par l'architecte Guinet, entre les rues Saint-Honoré et Mont-Thabor, où se trouve aujourd'hui le bal Valentino. Mais en 1814, forcés de déménager de nouveau, ils firent retour à leur ancienne salle du faubourg du Temple qu'ils avaient toujours conservée, et ils y restèrent jusqu'à ce qu'elle eût subi le sort de presque tous les théâtres qui ont existé à Paris :

dans la nuit du 15 au 16 mars 1826, un incendie la consuma entièrement.

C'est alors qu'ils élevèrent le Cirque du boulevard du Temple, dont nous offrons la perspective intérieure, et qui ouvrit ses portes le 30 mars 1827. Cette construction valut d'unanimes éloges à l'architecte, M. Bouria, qui avait habilement résolu le difficile problème de joindre un Cirque assez vaste pour les exercices équestres à une scène pouvant servir aux représentations mélodramatiques à grand spectacle.

Les frères Franconi, les fils du célèbre écuyer, ont dû se retirer en 1838; leur entreprise passa entre les mains de M. Dejean qui est encore le propriétaire de la salle. Le directeur de la troupe est M. Billon.

Les exercices équestres qui avaient lieu dans l'arène occupée aujourd'hui par le parterre et par les stalles d'orchestre, sont depuis longtemps abandonnés, et le Cirque est devenu un théâtre ordinaire, exclusivement consacré aujourd'hui aux pièces à grand spectacle, aux mélodrames militaires avec lesquels la littérature et le bon goût n'ont rien à démêler.

Depuis la suppression du manége, l'ordonnance intérieure de la salle a été modifiée; on a ajouté un 4me rang de galerie, créé des baignoires et refait entièrement les avant-scènes.

Proportions de cette salle :

Longueur moyenne de l'édifice.	50m »
Largeur id. id.	28 »
Longueur de la salle dans œuvre	19 »
Largeur id. id.	19 »
Longueur de la scène.	17 »
Largeur id intérieure	26 »
Largeur à l'avant-scène.	11 50
Hauteur intérieure de la salle.	16 »

THÉATRE DES FOLIES-DRAMATIQUES

Ainsi que nous l'avons dit en parlant de l'Ambigu, la salle des *Folies-Dramatiques* a été élevée, en 1830, sur les ruines de l'ancien théâtre d'Audinot. L'ouverture eut lieu le 22 janvier 1831, sous la direction de M. Léopold qui abdiqua peu de temps après en faveur de M. Mourier, directeur actuel.

Ce théâtre est cité pour sa prospérité constante; c'est peut-être le seul à Paris, sauf celui du Palais-Royal, qui n'ait jamais succombé au *déficit* dont l'énormité de l'impôt en faveur des hospices frappe à la longue tous les théâtres de France. Il est vrai que son directeur a le bon esprit de maintenir les prix très-bas, et de chercher avant tout à amuser son public. On joue aux Folies le vaudeville et les pièces grivoises.

La façade de ce théâtre est la moins élevée et la plus pauvre qui existe à Paris. La salle aussi n'est pas des plus élégantes; elle a été restaurée en 1854.

N'ayant pas réussi à nous procurer un plan géométrique de ce théâtre, nous croyons devoir supprimer l'indication des mesures plutôt que de risquer d'en donner d'inexactes. L'immeuble appartient à une société d'actionnaires.

THÉATRE DES FOLIES-NOUVELLES

BOULEVARD DU TEMPLE, 51

Sur l'emplacement occupé aujourd'hui par cette salle et par le passage Vendôme qui l'avoisine, s'élevait, avant 1789, le couvent des Filles du Sauveur, fondé sous Louis XIV par une Roualle de Rouville qui en fut l'abbesse. Lors de la suppression de ce couvent, on éleva sur les jardins un jeu de paume pour le comte d'Artois qui ne put guère en profiter. Plus tard, le jeu de paume se changea en salle de bains, puis en salle de concert; aux *Folies-Concertantes* succédèrent les *Folies-Mayer*, transformées à leur tour (en 1854) en *Folies-Nouvelles*, spectacle qui comprend les pantomimes, les arlequinades et surtout les petites pièces grivoises à trois personnages.

La dernière transformation de ce petit spectacle a été des plus heureuses, et depuis son ouverture (21 octobre 1854), la foule, mais une foule élégante, ne cesse de s'y porter de préférence aux grands théâtres. Louis Huart est l'habile et heureux directeur de ce charmant spectacle.

La salle est entièrement neuve, très-petite, mais très-bien décorée, et fort commode; elle témoigne du talent de l'architecte, M. Renaud. Les peintures sont de M. Cambon.

Les *Folies-Nouvelles* ont cédé la place, l'été dernier, à une troupe allemande fort recommandable, mais qui n'a pas eu le succès d'argent qu'elle était en droit d'attendre.

Proportions de ce théâtre :

Longueur de la salle.	15m 75
Largeur id.	10 60
Longueur de la scène.	12 40
Largeur id.	11 75
Id. id. à l'avant-scène	8 »
Hauteur intérieure de la salle	10 »

THÉATRE DES BOUFFES PARISIENS

Ce théâtre, créé en 1853 par Jacques Offenbach, a une réussite prodigieuse. Le public l'a pleinement adopté, et il y accourt l'été comme l'hiver, à la salle du passage Choiseul, comme au joli petit théâtre des Champs-Élysées. Nous regrettons de ne pouvoir donner, quant à présent, la perspective de cette dernière salle, qui au reste, ne s'ouvrira de nouveau que dans huit mois. Nous nous bornerons aujourd'hui à indiquer sommairement l'origine de la salle d'hiver, située au passage Choiseul.

Cette salle a servi jusqu'à ces dernières années au théâtre de M. Comte qui l'avait intitulé des *Jeunes Élèves*. Elle a été bâtie en 1826, en même temps que le passage Choiseul, par les architectes Bruneton et Allard. M. Comte s'était fait une réputation européenne comme prestidigitateur et ventriloque. Il portait le titre de *Physicien du roi*. Dès 1823 il avait ajouté à ses tours d'adresse de petites comédies jouées par des enfants ; plus tard ce spectacle remplaça entièrement l'autre, et devint la spécialité de ce théâtre qui faisait les délices des enfants et de leurs bonnes ; mais un arrêté ministériel ayant prohibé, non sans de justes motifs, l'emploi d'enfants au-dessous de 15 ans, dans les théâtres, M. Comte se décida à cesser son exploitation et loua sa salle à Offenbach qui l'a si brillamment transformée sur les dessins de M. Lehmann.

Offenbach fait fortune, dit-on. Il travaille aussi pour la gloire, car, en supposant même que le goût du public vînt à se modifier par la suite, l'habile violoncelliste aura toujours le mérite d'avoir créé un genre nouveau et produit une série d'ouvrages fort remarquables.

Mesures principales :

Longueur totale de l'édifice.	21 »
Largeur id. id.	18 »
Longueur de la salle dans œuvre	9 »
Largeur id. id.	9 »
Longueur de la scène.	9 »
Largeur id. intérieure.	12 »
Id. id. à l'avant-scène	5 50
Hauteur de la salle à l'intérieur.	9 »

THÉATRE BEAUMARCHAIS

Comme un théâtre ne peut fonctionner sans un privilége, suivant la législation inaugurée en 1807, le théâtre Beaumarchais doit son existence au privilége accordé en 1831 à M. Nestor Roqueplan en récompense de services rendus au gouvernement de juillet. M. Roqueplan le céda à MM. Anténor Joly et Ferdinand de Villeneuve, qui plus tard quittèrent ce théâtre pour diriger celui de la Renaissance.

Le théâtre Beaumarchais, qui s'appela dans l'origine *Théâtre de la Porte-Saint-Antoine*, a été inauguré le 3 décembre 1835.

On assure que ses premières années ont été fructueuses ; il est certain pourtant que depuis 1837 il a été moins souvent ouvert que fermé, et qu'un grand nombre de directeurs s'y sont succédés à de courts intervalles.

Ce théâtre, destiné au drame et au vaudeville, a eu un instant le petit Opéra bouffe. Revenu à sa destination primitive, il est dirigé aujourd'hui par M. Bartholi, qui est en même temps un artiste fort distingué.

L'immeuble est la propriété de M. de la Rifaudière.

Nous regrettons de ne pouvoir donner les perspectives des petits théâtres, tels que les *Délassements-Comiques*, habilement dirigés par M. Sari, *Saint-Marcel*, les *Funambules*, le *Luxembourg*, le *Petit-Lazari* ; nous eussions été forcés de retarder notre publication outre mesure. D'ailleurs aucune de ces salles n'offre un intérêt historique ou artistique, si nous en exceptons, quant à l'architecture, le théâtre Saint-Marcel fermé depuis long-temps.

J. De Filippi.

IMPRIMERIE BÉNARD ET Cⁱᵉ, RUE DAMIETTE, 2.

9 782014 024555